Jacques Lusseyran:
Das Leben beginnt heute
Erinnerungen und Begegnungen eines Blinden

Aus dem Französischen von
Uta Schmalzriedt

Klett-Cotta/dtv

Von Jacques Lusseyran
ist im Deutschen Taschenbuch Verlag erschienen:
Das wiedergefundene Licht (30009)

Ungekürzte Ausgabe
1. Auflage November 1990 (dtv 11311)
4. Auflage September 1995: 21. bis 23. Tausend
Deutscher Taschenbuch Verlag GmbH & Co. KG,
München

Titel der französischen Originalausgabe:
Le monde commence aujourd'hui

ISBN 3-608-90001-2
Umschlaggestaltung: Helfried Hofmann
Gesamtherstellung: C. H. Beck'sche Buchdruckerei,
Nördlingen
Printed in Germany · ISBN 3-423-30083-3

Das Buch

»In einer Welt, die mir jeden Tag größere Erkenntnisse, größeres Gemüse, größere Armeen bringt, habe ich Hunger, brauche ich Nahrung. Ich habe Hunger nach etwas, das einfach kein Ende hat. Dieses Etwas nenne ich – in Ermangelung eines besseren Wortes – das innere Leben.« Im vorliegenden Buch nimmt der Schriftsteller, Literaturprofessor und Widerstandskämpfer Jacques Lusseyran, der mit acht Jahren erblindete, in der Erinnerung an eine einschneidende Erfahrung seines Lebens – Krieg und Konzentrationslager – das Motiv der Liebe zum Leben wieder auf. Er erzählt unter anderem von Begegnungen während der Zeit seines KZ-Aufenthaltes in Buchenwald, indem er die Fülle und die Unmittelbarkeit des Tag für Tag sich neu schenkenden Lebens bezeugt – ohne Haß, ohne Verbitterung über das erlittene Unrecht, wohl aber in Zuversicht und Gelassenheit. Lusseyran beschreibt, wie ihn die Menschen aus dem »Invalidenblock«, dem »Mülleimer des Lagers« Buchenwald, lehren, die Todesangst zu überwinden und jene »innere Freiheit« zu finden, mit deren Hilfe es ihm gelingt zu überleben. »Das ganze Leben ist uns gegeben, bevor wir es leben. Aber es bedarf eines ganzen Lebens – vielleicht sogar mehr –, um uns dieses Geschenks bewußt zu werden. Das ganze Leben ist uns in jeder Sekunde gegeben. Das Leben beginnt heute.«

Der Autor

Jacques Lusseyran, am 19. September 1924 in Paris geboren, erblindete mit acht Jahren. Nach seiner Befreiung aus dem Konzentrationslager Buchenwald studierte er Literatur an der Sorbonne und wurde später in den USA Universitätsprofessor für französische Literatur. Er kam 1971 bei einem Verkehrsunfall ums Leben. Von Jacques Lusseyran ist außerdem erschienen: ›Das wiedergefundene Licht‹ (1966).

Mit vierunddreißig Jahren fühle ich mich, als sei ich eben erst geboren. Diese Empfindung habe ich jeden Tag. Sie mag sonderbar sein, aber sie ist so lebhaft, so tief und wirklich, daß ich sie laut herausschreien möchte.

Das Leben beginnt heute. Das ist für mich eine Realität in den Augenblicken, in denen ich keine Angst habe. Es ist eine Realität für alle Menschen. Manchmal frage ich mich geradezu, ob die Angst nicht die Hauptursache, die einzige Ursache unseres Alterns ist.

Ich fühle mich so jung. Das ist der Grund, warum ich schreiben muß. Um so mehr, als meine »Jugend« voller Erinnerungen ist. Darin liegt kein Widerspruch.

All die Orte, an denen ich gelebt habe, all die Menschen, die ich geliebt habe, gehören nicht der Vergangenheit an. Sie wohnen nicht in jenem dunklen Land, das man »einst« nennt: Sie sind in mir, in meiner Seele, sie sind gegenwärtig.

Sicherlich treten sie daher gerade dann in großer Zahl hervor, wenn ich mich ganz jung fühle, wenn ich jedem Augenblick meines Lebens ganz nahe bin.

Es ist, wie ich jedenfalls glaube, mit vierunddreißig Jahren der Mühe wert zu sagen, wie sehr man das Leben liebt, und wer einen gelehrt hat, es zu lieben. Es scheint mir sogar, daß es für manchen vielleicht von Nutzen ist, wenn er weiß, daß derjenige, der hier spricht, mit acht Jahren blind geworden und mit zwanzig Jahren in ein nationalsozialistisches Konzentrationslager gebracht worden ist.

Diese Gründe mögen aber zu weit hergeholt und zu allgemein, ja vielleicht sogar großsprecherisch erscheinen. Ich werde mich deshalb bemühen, mich ihrer nicht allzu oft zu bedienen.

Glücklicherweise sind die Motive, warum ich schreibe, einfacher.

Ich lebe seit einigen Wochen im Ausland, im amerikanischen Staat Virginia. Ich habe mit diesem Land auf eine umfassende und unmittelbare Art Freundschaft geschlossen. Und doch ist es nicht mein Land: Ich habe hier noch keine häuslichen Gewohnheiten, noch keine Gewohnheiten in Vorstellungen. Amerika ist für mich eine neue Bekannte, und gerade das macht mich redselig. Ich würde ihr gern alles sagen. Ich würde ihr gern zu sagen versuchen, was ich besser weiß. Ich bin Pariser, ein Pariser der kargen städtischen Anlagen, des »Luxembourg« und des »Champ-de-Mars«, und nun bin ich plötzlich in den Schoß der Berge versetzt, von Bergen, die, ganz mit echten, atemberaubenden Wäldern bedeckt, schön und barbarisch zugleich sind. Ihre Luft und ihre Stille, die wie von einem großen Gesang durchzogen sind, lassen mich sprechen.

Es ist mein Ernst: Dies sind meine Gründe, warum ich schreibe. Der Lärm in den Städten ist heutzutage ein Hexenwerk, das den Menschen mit sich selbst entzweit, ein Gift, das die Erinnerungen auslöscht.

Hier, wo ich lebe, gibt es nur das Leben, das heißt, eine große Leere, einen Hohlraum, eine Herausforderung. Nichts hindert mich mehr, all die Fülle, die in mir ist – und die in allen Menschen ist, ohne daß sie es wissen –, aus mir aufsteigen zu lassen. Was rede ich noch? Alles lädt mich dazu ein.

Gibt es nicht viele Leute, die sich dessen schämen, was sie lieben? Dessen, was sie lieben und was sie leben läßt? Wie dumm ist doch diese Scham, und wie gern würde ich für mein Teil sie für immer verbannen!

Nun, ich als Lehrer liebe meinen Beruf. Und ich empfinde eine Zuneigung zu allen Menschen, die ihren Beruf auch lieben. Ich muß wohl kaum betonen, daß es für mich dabei unwichtig ist, ob sie einen Beruf ausüben, der als gewöhnlich oder – ich weiß selbst nie genau, aus welchen Gründen – als vornehm gilt.

Wie mir scheint, gibt es zwei Arten von Menschen: solche, die ihren Beruf lieben, und die anderen. Ich habe Zuneigung empfunden zu Generälen und Obersten, weil sie das Kommando und die Armee liebten, obwohl ich gewiß kein kriegerischer Mensch bin. Ich sehe natürlich ein, daß der Beruf eines Menschen nicht immer mit dem identisch ist, was er in der Öffentlichkeit ausübt. Nun, dann soll er ihn eben im geheimen ausüben!

Ich hänge so sehr an meinem Beruf als Lehrer, daß es einer meiner größten Wünsche ist, ihn niemals zu verlieren. Ich habe elf Jahre gebraucht, mir darüber sicher zu werden. Aber jetzt weiß ich es.

Das klingt grob und lächerlich wie ein Wahlprogramm. Aber es tut gut, dies einmal auszusprechen. Es wird später so oft noch von meinen Schülern und meinen Kursen die Rede sein, daß ich diesen Mittelpunkt meiner Existenz nicht verheimlichen könnte.

Ich unterrichte Sprachwissenschaft, französische Literatur, in Amerika. Das bedeutet letztlich, daß ich einen seltsamen Beruf ausübe. Denn wenn auch wenige Leute darüber nachdenken, so sagen sich doch viele verschwommen, es gebe Mitte des zwanzigsten Jahrhunderts Wichtigeres zu tun, und man müsse die alten poetischen Monde eintauschen gegen den wirklichen Mond. Ich bin nicht dieser Meinung: Ich habe nichts dagegen, daß man auf den Mond fliegt. Doch was bringt uns das? Ein Land mehr, das wir nicht kennen, wo wir doch schon so wenig über unsere gute alte Erde wissen. Sind wir so sicher, daß eine Mondlandung, gemessen an ihrem Nutzen und ihrer Wirkung, jemals die Vertiefung in unser eigenes Inneres aufwiegen wird, daß die Sterne des astronomischen Himmels für uns je den gleichen Glanz haben werden wie die Sterne unseres Inneren? Ganz sicher: mein Beruf ist sonderbar, und ich wäre nicht besonders erstaunt, wenn die modernen Völker, sobald sie erst auf dem Gipfel ihrer Entwicklung angelangt sind, den Entschluß faßten, ihn abzuschaffen.

Was wäre natürlicher! Die Untersuchung des literarischen Stils und seiner Bedeutung vermittelt den Menschen keine taxierbare Kenntnis. Sie ist ein Zeitverlust für den technischen Menschen, ein Sandkorn im Getriebe des Fortschritts, der das Glück bedeutet. Wozu sind jene Leute gut, die sich mit der Literatur befassen und angesichts eines Homer, eines Shakespeare und eines Racine behaupten, die Schönheit, die Intelligenz und der Nutzen liege nicht allein in den Worten, sondern in dem, was die Worte verbergen, in den Augenblicken des Schweigens, den Intervallen, dem Unausgesprochenen, der unsichtbaren Harmonie? Die Menschheit hat es eilig: zum Teufel mit solchen Leuten!

Ich sage das nicht mit Trauer, ich bin eher darüber belustigt. Ich möchte damit nur ausdrücken, daß ich einen ungewöhnlichen, anachronistischen, unmodernen und wenig verständlichen Beruf ausübe – alles Gründe, mich noch mehr an ihn zu binden. Ich fühle mich wie ein Pionier inmitten gefährlicher Wälder. Ich unterrichte also in Amerika hundertfünfzig junge Mädchen in französischer Literatur. Ich sagte schon: ich habe einen eigenartigen Beruf! An meiner Universität, die hier »College« heißt, gibt es nur Frauen: Die Männer sind alle Professoren. Diese Tatsache – ich sage es ehrlich – gefällt mir. Nicht nur, weil man dem munteren Schwatzen der jungen Mädchen nie ganz entrinnen kann, sondern auch, weil diese Mädchen eines Tages den Lebensfaden weiterspinnen und – um »beruflich« zu sprechen – die Bücher an ihre Kinder weitergeben werden, sofern es dann noch Bücher und Kinder gibt.

Ich gebe Erklärungen, vermittle Wissen, analysiere (was für ein schreckliches Wort), und ich wecke dann und wann die Liebe zur französischen Sprache. Vor allem aber singe ich – ich singe wie ein Schmied an seiner Esse.

Nicht, daß ich mir viele Illusionen über den Umgang mit der Intelligenz machte: Ich weiß wohl, daß man mich im allgemeinen nicht versteht, nicht einmal an der Universität. Man versteht, was ich sage, weil ich bemüht bin, mich klar auszudrücken. Aber man versteht nicht, warum ich es sage. Das ist auch ganz natürlich: Auch ich kann nicht immer erraten, warum die anderen reden. Deshalb habe ich auch gegenüber der Geduld und dem guten Willen meiner Zuhörer Bewunderung und großen Respekt.

Ich bin ganz einfach zufrieden. Jedesmal, wenn ich anderen menschlichen Wesen gegenübertrete, steigt in mir ein Jubel auf, eine Großzügigkeit, die – ohne auf ein bestimmtes Objekt gerichtet zu sein – den Lohn in sich selbst birgt; mein Blut kreist schneller, und mich erfaßt, wie mancher gute Mann sagen würde, ein »heiliges Feuer«. Dann habe ich keine Angst mehr. Es ist seltsam: Ich habe vor nichts mehr Angst. Ich kenne meine Aufgabe. Ich kenne meine Grenzen, die zu überschreiten mir wenigstens die Hoffnung bleibt. Ich bin nicht mehr einzig mir zuliebe auf der Welt. Ist es da nicht gut zu verstehen, daß ich mich so jung fühlen kann?

Es ist nicht die Sprache, die mich derart befreit, die die Schwerkraft verändert, es ist die Übung an der Sprache. Sie schafft einen Lebensstrom zwischen jenem Molekül, das ich bin, und den anderen Molekülen, meinen Hörern. Dieser Strom nährt mich, macht mich zufrieden, läßt mich atmen und singen. Genau das nenne ich Lehren – eine Bewegung des Lebens, weit weg von allen Lehrbüchern. Sicher brauchen wir solche Bücher, aber die Stifte und Nieten, die der Schmied benötigt, machen noch keine Schmiede.

Diese lebendige Wechselbeziehung, dieses Überströmen von Leben zwischen meinem Publikum und mir läßt alle Themen zu, das heißt, es ist ganz gleichgültig, ob man über Ronsard, über Descartes, über Labiche oder Bergson spricht.

Die Hörer werden daran bestimmt keinen Anstoß nehmen, dafür manche Professoren, die aus der Rangfolge der zu behandelnden Themen eine gelehrte Religion machen. Ich glaube bemerkt zu haben – man möge mir die Bemerkung verzeihen –, daß sich diese Leute noch niemals haben verständlich machen können. Das Publikum ist höflich – es läßt sie reden.

Nun, keine Polemik! Um so weniger, als es Gelehrte gibt, die ich schätze, Gelehrte, die ganz den Wunsch haben zu verstehen, was sie wissen. Doch ich spreche von den Professoren; sie haben eine Aufgabe, die immer dringender wird: die Kunst des Lebens zu lehren. Dieser Ausdruck klingt aber noch zu heiter, er könnte unsere wirkliche Misere verdecken. Was die Professoren vermitteln müßten, ist viel einfacher: nämlich die Fähigkeit weiterzuleben.

Ich sehe mit Schrecken auf eine fortschreitende Schwerfälligkeit. Ich spreche von einer fundamentalen Schwerfälligkeit, die uns hindert, zwischen Glück und Unglück, zwischen Vergnügen und Freude, zwischen Heilmittel und Gift zu unterscheiden, einer Schwerfälligkeit, die unsere gesamten Empfindungen in dunkle biologische Vorgänge verwandelt, die unseren Geruchssinn, unser Gehör, unseren Gesichts- und Tastsinn auslöscht. Und ich habe das Recht, erschrocken zu sein, weil ich feststelle, wie schwer es mir, mir selbst, fällt, meine innere Beweglichkeit, meine Verbindung mit dem Leben in dem Augenblick, in dem es mich durchdringt, aufrechtzuerhalten. Diese Schwerfälligkeit, fürchte ich, wird eines Tages nur zwei Möglichkeiten offenlassen: den Schlaf oder die Raserei.

Und das kann ich nicht ertragen. Ich kann es auch bei meinen Schülern nicht ertragen. Ich kann mich nicht darüber freuen, daß sie sich Wissen aneignen und gleichzeitig das Leben vergessen. Da diese Erinnerung, die Erinnerung an das Leben, die allerschwierigste ist, finde ich nur bescheidene Mittel, um sie in ihnen zu wecken: Ich bringe ihnen meine Zufriedenheit.

Die immer gleichbleibende Zufriedenheit – daß ich lebe und daß ich mich an Lebende wenden kann. Zu meiner Verwunderung reicht das manchmal. Ich sehe, daß sich die innere Einstellung einiger von ihnen gewandelt hat, daß sie die gleichen Bücher nicht mehr mit den gleichen Augen lesen, daß sie nicht mehr zu den gleichen Stunden des Tages der lauernden Langeweile zum Opfer fallen. Es gibt sogar manche, die mir das sagen, die es mir schreiben und mich ihrerseits wieder lehren, was sie von mir gelernt haben. Das ist meine größte Belohnung.

Ich habe anderen Menschen etwas voraus: meine Schwingung. Ich darf das ruhig sagen, denn ich weiß zu gut, daß sie nicht mein Verdienst ist. Ich weiß auch, daß sie nur dann bestehen bleibt, wenn ich sie übe. Das ist der eigentliche Grund, warum ich ein Buch zu schreiben beginne.

Die Augen schaffen die Farben. Der Mensch baut und zerstört die Landschaft. Ich sage diese Dinge, weil sie zu wenig bekannt sind; und wenn sie von einem Blinden gesagt werden, finden sie vielleicht etwas mehr Beachtung.

Die Augen machen die Farben. Ich meine damit natürlich nicht die physischen Augen, die Augen im medizinischen Sinn. Diese beiden verschwommenen und schwachen Organe im Vorderteil des Kopfes sind schließlich nur Spiegel. Auch wenn die beiden Spiegel zerbrochen sind, leben die Augen weiter.

Die wirklichen Augen, von denen ich sprechen möchte, arbeiten in uns. Das Sehen ist ein Grundvorgang des Lebens, der unabhängig ist von den physischen Werkzeugen, derer er sich bedient, und der unzerstörbar ist. Sehen ist eine Lebensströmung, die vor der Betrachtung eines Objekts, vor jeglicher äußeren Bestimmung, in uns angelegt ist. Vor und auch nach dessen Betrachtung, falls die körperlichen Aufnahmeinstrumente einmal ausfallen sollten. Man sieht in seinem Inneren.

Wenn uns das innere Licht – und damit die Farben, die sozusagen »das Kleingeld« des Lichtes sind – nicht zuerst gegeben worden wäre, könnten wir niemals die Farben der Welt bewundern. Das weiß ich seit fünfundzwanzig Jahren, seit ich blind geworden bin. Deshalb kann ich ohne Scheu von meinem neuen Land, meinem Virginia, sprechen.

Ich bin mir nicht sicher, ob Virginia so schön ist, wie ich sage. Ich bin mir nicht sicher, ob es für alle so schön ist. Doch spielt das eine Rolle?

Vor weniger als zwei Jahren sprach ich mit Beredsamkeit und Leidenschaft von den Gesichtern meines Paris, die ich von der Plattform eines alten Autobusses erhaschen konnte. Vor weniger als zwei Jahren betrachtete ich, ohne ihrer jemals überdrüssig zu werden, die Wege, Straßen und Anhöhen von Romainville, Bagnolet und Montreuil: Ich liebte sie. Ich betrachtete sie, öffnete ihnen mein ganzes Herz, gab ihnen einen Teil meines Lebens. Nun, was tut es, wenn *mein* Virginia viel schöner als in Wirklichkeit ist!

Ich wünschte, daß alle Menschen sich angewöhnten, die Orte, an denen sie wohnen, schöner zu sehen. Sie würden sie besser bewohnen. Ich wünschte, sie machten sich ein wertvolles Bild von ihnen, das heißt ein Bild, das – voller Überraschungen, voller Sprünge, voller Frische, voll unbekannten Raumes – ihrem Leben nützt, so wie einem kleinen Kind die Wiege. Ich wünschte, die Menschen bauten sich all die Orte der Welt in ihrem eigenen Innern, mit den Händen der Phantasie. Ein solch großartiger Städtebau würde keine Elendsquartiere, keine Einöde, keine Verbannung mehr kennen.

Zunächst ist mein Virginia deshalb so schön, weil es nichts sagt. Es sagt nichts in der Sprache der Menschen.

Die Länder bei uns zuhause haben eine menschliche Sprache. Man hört sie von überall her aufsteigen, aus jeder Furche, aus jeder Scholle. Man kann auch ihre Gebärden sehen: die großen Arme der Glockentürme lassen eine Streu von Gebeten und Hoffnungen auf die Felder rieseln.

Hier, im Tal des Shenandoah-Flusses, inmitten der Appalachen-Wälder, hat der Mensch noch keine Zeit gehabt, die Erde mit seinem Lärm zu erfüllen.

Was wäre Frankreich, wenn man Dörfer und Städte spurlos auslöschen würde? Eine Ruine, eine verlorene Stätte, ein Stück Erde nach ihrer Verdammung. Virginia dagegen bliebe, was es ist. Es braucht die Menschen nicht.

Ich wohne nicht inmitten einer Wüste, im Gegenteil. Ich lebe in einer bescheiden luxuriösen Universität, die, harmonisch und gediegen erbaut, nahe einer Nationalstraße mit überaus lebhaftem Auto- und Lastwagenverkehr liegt, einige Kilometer von Roanoke, einer zweckmäßigen, einer richtigen Stadt entfernt. Die kleinen Täler rings um mich her, die, vom großen Tal ausgehend, sich in die Berge schneiden, sind markiert von erfolgreichen, fleißigen Gutshöfen. Dennoch füllen Hollins College, die Landstraße Nr. 11, Roanoke und all die Gehöfte der benachbarten Grafschaften die Landschaft nicht aus. Noch nicht. All diese menschlichen Behausungen, all diese Straßen liegen hier nur zufällig. Man könnte sie alle abkratzen, losreißen, an einen anderen Ort transportieren: Berge und Wälder würde es nicht kümmern.

In Virginia bin ich allein mit mir selbst, allein der wilden Natur gegenüber. Ich bin sicher, daß auch die Amerikaner diese Einsamkeit spüren. Sie spüren sie so stark, daß sogar den selbstsichersten und lebhaftesten Leuten unter ihnen eine gewisse Traurigkeit eigen ist. Oder besser: ein Zögern, ein Abwarten. Sie scheinen nicht zu wissen, daß sie auf der Erde, in die Erde gepflanzt sind.

Denn das erfordert Zeit, mehr Zeit, als das einzelne Leben bietet. Ein Mensch ist nicht allein aus eigener Kraft stark, sondern ebenso kraft seiner Eltern, seiner Vorfahren. Ein Mensch, der sich nicht täuscht, verdankt diese Fähigkeit den Irrtümern anderer.

Wegen dieser Nacktheit liebe ich Virginia, und ihretwegen könnte ich ganz Amerika lieben.

Mit Nacktheit meine ich Armut. Das ist sicherlich eine seltsame Bemerkung, wenn man über ein Land spricht, das das am besten ausgestattete, das strahlendste, das am reichlichsten versorgte und das luxuriöseste der Welt ist. Und trotzdem sehe ich es nackt.

Mögen sich meine amerikanischen Freunde nicht darüber entrüsten: Diese Armut ist ihr Reichtum.

Es ist reich – das Haus inmitten von Wäldern, inmitten eines Teppichs von Gras und Blättern, der sich ohne Begrenzung bis zum nächsten, unsichtbaren Haus auf der anderen Seite des wilden Tales erstreckt. Doch sein Reichtum liegt nicht in seiner elektrischen Ausstattung, nicht im Automobil, das vor dem Tor wartet: Er liegt in seiner brüsken Begegnung mit dem Wald, in der Offenheit des Raumes nach allen Seiten.

Amerika ist nicht nur größer als Europa, es hat auch noch nicht zu sprechen begonnen. Das ist etwas ganz anderes! Wenn es spricht, dann aufs Geratewohl und mit überstürzt-übersteigerter Stimme. Es hat sich dazu einige Orte gewählt: New York, Chicago, Los Angeles, Detroit: die Knotenpunkte. Von ihnen her tönen über das ganze Land hin verworrene Schreie. Der Rest schweigt. Auch Virginia schweigt.

Muß ich betonen, daß dieses Schweigen kein poetisches Bild, sondern eine Empfindung ist?

Erst gestern habe ich es gehört. Es war ein Sonntag im November; die Sonne hatte Flügel aus Wind und glich über der violettbraunen Erde einem großen Vogel. Ich verließ das College mit dem Auto, umfuhr die nahen Bergrücken und erreichte zwischen dem Catawba- und dem Fort-Louis-Massiv ein schmales Tal. Schließlich stieg ich – so gar nicht nach amerikanischer Manier – aus und wanderte die Straße entlang. Das Schweigen war da.

Ich spreche nicht vom Pochen des Windes in den Zweigen oder von der Erde, die gerade das gefallene Laub zermahlt: Das sind Geräusche, die uns von zu Hause her vertraut sind. Ich spreche von den Häusern. Da zogen sie sich, ganz reizend anzusehen, in großer Zahl das Tal entlang. Aber sie sagten nichts. Sie schienen nicht verbindlich zu sein. Sie führten zu keinem Dorf, zu keinem Ballungsort menschlichen Lebens mit seinen tief verwurzelten, alten Nöten und langandauernden Freuden. Man hätte meinen können, es seien Häuser auf der Durchreise, unbeweglich dastehenden Wohnwagen vergleichbar. Selbst die kleine, einsame, von Wald umschlossene Kirche, auf die ich am Rand des Weges stieß, wies auf Flüchtigkeit und Übergang.

Die Amerikaner sind Nomaden. Wenn sie eine Stadt bauen, denken sie nicht daran, ihre Tore zu schließen. Da liegt sie dann, an einer bequemen Stelle erbaut, nach allen Seiten offen, ohne Herz und ohne Geheimnis. Sie lebt, aber ihr Leben ist wechselhaft und impulsiv. Sie hat keine Gewohnheiten. Sie schmiegt sich nicht an ihre Kirche, ihr Rathaus, ihre Schule und ihren alten Brunnen. Man weiß nicht, daß man sie schon betreten hat: Kein Mensch hat ein Zeichen gemacht. Nicht einmal die Straße hat sich verengt.

Es sind Nomadenstädte, Lagerstädte. Auch Roanoke, das ganz in meiner Nähe liegt, ist trotz seiner Ampeln, seiner zwei Fernsehsender und seiner Supermärkte eine solche Stadt. Ich wäre nicht überrascht, wenn ich sie nach einer Abwesenheit von zehn Jahren gar nicht mehr oder, bei einem Spaziergang, an einer anderen Stelle des Tales vorfände. Könnte man in dieser Weise von Amboise oder Reims sprechen?

Das Land ohne Menschen, das Land der nomadisierenden Jäger, der Indianer, die nie ihre Spuren auf diesem Boden hinterließen, ist nicht fern von hier. Amerika steht ganz weit offen.

Darin liegt seine Armut: Es hamstert nicht. Und das liebe ich an ihm über alles.

Hier gibt es nichts, was mich aufhält. Ich brauche nur den Pfad einzuschlagen, dem die Nomaden schon immer gefolgt sind, brauche nicht mehr zu rechnen, ich kann das Leben, das ich habe, verausgaben.

Virginia hat mich erwartet. Beileibe, ich bin nicht so einfältig zu glauben, daß es mich nötig hatte. Aber es erwartete mich, wie Amerika all die erwartet, die zu ihm kommen: Es sind nicht allzu viele. Es gibt ihnen nicht zu verstehen, daß sie zu spät kommen. Sie sollen ihr Spiel machen! Ich will es tun.

Worauf es in diesem Land, wo die Menschen noch nicht fixiert sind, ankommt, ist kurz gesagt: Man muß es lehren zu leben, und zwar nicht – welche Einfalt! – durch Unterricht in Moral, sondern dadurch, daß man das Handwerkszeug, das man besitzt, das Europa einen hat mitnehmen lassen, mitbringt.

Für mich besteht dieses Handwerkszeug in meinen Erinnerungen, die zufällig angesammelt, halb vergessen, halb wiedergefunden sind, wie alle Erinnerungen, die aber dadurch, daß es sich bei ihnen um Erinnerungen an Menschen handelt, durch ein starkes gemeinsames Band verknüpft sind.

Diese Menschen leben oft seit vielen Jahren in meiner Erinnerung. Sie haben mich niemals verlassen. Doch plötzlich sind sie, angesichts des schweigsamen Amerika, in der Lage zu reden. Sie können sprechen. Sie haben es seit Jahrhunderten gelernt, ohne daß ich oder sie davon wußten. Was sie erzählen, wenn ich sie friedlich in meinem Geist wie in einem großen Saal um mich versammelt halte, hat nichts mit der Vergangenheit zu tun, mit der Sehnsucht nach besseren Zeiten, nichts mit toten Kulturen und überhaupt nichts mit dem alten Europa. Was sie erzählen, sind Geschichten aus dem Leben.

Sie schöpfen aus dem Leben und aus der Zuversicht. Ich kann nichts dafür: Meine anderen Erinnerungen sind tot. Und nichts kann mich dazu bringen, sie wieder zu wecken.

Der erste auf meinem Weg ist ein alter Mann, und man kann sich kaum vorstellen, wie glücklich ich darüber bin.

Ich weiß nicht, ob es einen größeren Segen als die Begegnung mit einem echten – das heißt: fröhlichen – Greis gibt. Das kommt so selten vor. Denn leider ist das Alter für die meisten Menschen nur ein blindes, den Verfall dokumentierendes Zusammenzählen von Lebensjahren. Doch wenn ein alter Mann fröhlich ist, und zwar in einem Maße fröhlich, daß er es nicht einmal mehr nötig hat zu sprechen, dann übt er eine befreiende Wirkung aus, wohin er kommt. Ein Mensch dieser Art lebt in meinem Gedächtnis. Er hieß Jérémie Regard.

Nicht ich habe ihm diesen Namen gegeben. Er hieß wirklich so. Wie viele Romanciers hätten ihn wohl gern erfunden?

Ich möchte mich ganz klein machen, wenn ich von ihm spreche, denn er war so groß und schien es doch so wenig zu sein. Er hat in meinem Dasein eine so kurze Zeitspanne – einige Wochen nur – eingenommen, daß ich ihn nicht mehr vor mir sehe. Verschwommen erkenne ich einen kräftigen, untersetzten Mann von aufrechtem Gang und kleiner Statur. Sein Gesicht sehe ich nicht. Ich glaube, ich habe mir über dieses Gesicht nie Fragen gestellt, auch damals nicht. Ich sah hinter ihm ein anderes, weitaus wirklicheres.

Ich bin ihm als Neunzehnjähriger mitten im Krieg, im Winter 1944, in einem deutschen Konzentrationslager begegnet. Er war einer von sechstausend französischen Gefangenen, die in der Zeit vom 22. bis zum 26. Januar nach Buchenwald kamen. Aber er hatte mit keinem anderen eine Ähnlichkeit.

Hier muß ich einen Augenblick innehalten. Ich habe Buchenwald erwähnt. Ich werde es noch oft tun. Dennoch erwarte man von mir kein Bild der Greuel während der Deportation. Diese Greuel gab es wirklich, aber man kann sie nicht beschreiben. Um das Recht zu haben, darüber zu sprechen, sollte man nicht Schriftsteller, sondern Arzt sein – und Arzt nicht nur in bezug auf den Körper. Ich werde mich also auf das Allernotwendigste beschränken, auf die schematischen Elemente der Szene. Manchmal werde ich über die Deportation für manche Leute sogar in einer skandalösen – oder besser: paradoxen – Weise sprechen: Ich werde sagen, wozu sie gut war, ich werde zeigen, welchen Reichtum sie enthielt.

Wenn ich oft auf sie zurückkomme, so darum, weil sie, im Augenblick meines Eintritts ins Leben, für mich ein bis oben hin gefüllter Speicher von Schmerz und Freude, von Fragen und Antworten war.

Auch Jérémie sprach nicht vom Konzentrationslager, auch nicht während seines dortigen Aufenthalts. Sein Blick war nicht auf den Rauch des Krematoriums geheftet, noch auf die zwölfhundert eingeschüchterten Häftlinge von Block 57. Er schaute darüber hinweg.

Zunächst wußte ich nicht, wer er war. Im Gespräch nannte man ihn »Sokrates«.

Meine sehr zahlreichen Nachbarn gebrauchten einen Namen, der in dieser Atmosphäre von Angst und Kälte, in der wir uns ständig bewegten, gänzlich überraschte. »Sokrates hat gesagt...«, »Sokrates hat gelacht«, »Sokrates steht dahinten, nein dort, ein wenig weiter, auf der anderen Seite der Menschenmenge mit den rasierten Köpfen«. Ich verstand nicht, warum all diese Leute einen von ihnen gerade Sokrates nannten. Doch ich war neugierig auf ihn.

Eines Tages schließlich sah ich ihn, ich sollte ihn wohl sehen. Ich habe aber, um ehrlich zu sein, an diese erste Begegnung keinerlei Erinnerung mehr.

Ich weiß nur noch, daß ich einen redegewandten Widerspruchsgeist, einen spitzen Metaphysiker, irgendeinen triumphierenden Moralphilosophen erwartet hatte. Nichts von dem sah ich.

Er war ein einfacher Schmied aus einem kleinen Dorf am Fuß des Französischen Jura und aus Gründen nach Buchenwald gekommen, die so wenig mit dem Wesentlichen zu tun hatten, daß ich sie nie erfahren, noch nach ihnen gefragt habe. Er hieß nicht Sokrates – man weiß es bereits –, sondern Jérémie, und ich verstand nicht, warum dieser Name meinen Kameraden nicht genügt hatte.

Jérémie hatte eine Vergangenheit als Schmied, an einem ganz bestimmten Ort der Welt, in einem französischen Dorf, und über diese Vergangenheit erzählte er gern, mit breitem Schmunzeln. Er erzählte von ihr auf eine ganz einfache Weise, so wie jeder Handwerker von seinem Beruf spricht. Und nur dann und wann konnte man, kaum sichtbar, bemerken, wie eine andere Schmiede Gestalt annahm – eine geistige Schmiede. Ich sage bewußt »geistig«. Dieses Wort ist zwar durch den Gebrauch abgenutzt, doch in diesem Fall trifft es das Richtige.

Ich hörte Jérémie plötzlich von Menschen reden, die nicht nur wegen ihrer Pferde und ihrer Fuhrwerke zu ihm kamen, sondern ihrer selbst wegen, um ganz beschlagen und neu wieder wegzugehen, um ein wenig von der Lebenskraft, die ihnen fehlte und die sie in der Schmiede von Vater Jérémie so überreichlich, strahlend und sanft vorfanden, nach Hause mitzunehmen.

Zu jener Zeit war ich Student. Ich hatte keine Erfahrung mit dieser Art von Menschen; sie füllen nicht die Universitäten. Ich glaubte, daß ein Mensch, der weise ist, es sogleich sagt und erklärt, in welcher Weise und warum er es ist und welche Gedankenkette dem zugrunde liegt. Vor allem glaubte ich, man müsse, um weise zu sein, denken, ganz fest denken.

Vor Jérémie stand ich sprachlos, denn er dachte nicht. Er erzählte seine – fast immer gleichen – Geschichten, schüttelte einen an den Schultern und schien sich über die Anwesenden hinweg an unsichtbare Personen zu wenden. Er hatte immer etwas Sichtbares zur Hand. Wenn er davon sprach, wie zufrieden ein Nachbar seine Werkstatt verlassen hatte, war es, als spräche er von einer Warze, einer Beule, einem Geschwür, das er eben entfernt habe. Er stellte seine moralischen Werte mit den Augen fest, so wie Naturwissenschaftler Mikroben mit ihren Mikroskopen feststellen. Er machte keinen Unterschied. Und je mehr ich es ihn tun sah, desto leichter wurde mir.

Ich bin schon Menschen begegnet, die mich verblüfften, pathetischen Menschen, deren Auftreten nach Gestik und Rede so glänzend war, daß man in ihrer Gegenwart die Augen niederschlagen mußte. Jérémie verblüffte nicht, ganz gewiß nicht. Es war nicht seine Art, uns zu verwirren.

Nicht die Neugier zog mich zu ihm hin, ich brauchte ihn wie ein Mensch, der am Verdursten ist, Wasser braucht. Es war ein Grundbedürfnis, wie alle wichtigen Dinge.

Wenn ich Jérémie durch unsere Baracke gehen sah, entstand immer ein Zwischenraum zwischen ihm und uns. Blieb er stehen, rückten die Leute ein wenig ab und machten in ihrer Mitte etwas Platz. Diese Bewegung erfolgte ganz instinktiv, und man kann sie nicht allein durch den Respekt, den er genoß, erklären. Wenn wir vor ihm zurückwichen, so war es eher, als ob man einen Schritt zurücktritt, um einem Arbeitenden Platz zu machen.

Man bedenke, daß wir mehr als tausend Menschen in unserem Pferdestall waren, tausend Menschen in einem Raum, in dem schon vierhundert sich unbehaglich gefühlt hätten. Man bedenke, daß wir alle eine tiefe und unmittelbare Angst verspürten. Man stelle sich uns nicht als Individuen vor, sondern wie eine leimige, protoplasmaartige Masse. Wir waren tatsächlich aneinandergeklebt. Die einzigen Bewegungen, die wir machten, bestanden darin, zu stoßen, uns festzuhalten, uns aneinanderzuhängen, uns durchzuwinden. Stellt man sich das vor, dann kann man sicher das Erstaunliche – um nicht zu sagen, das Wunder – dieser kleinen Distanz, dieses Zirkels an Raum, von dem Jérémie umschlossen blieb, besser verstehen.

Er hatte nichts Erschreckendes und nichts Strenges an sich, er war nicht einmal redegewandt. Aber er war da, und man sah es. Das fühlte sich an wie eine Hand, die sich auf die Schultern legt, eine Hand, die einen mahnt und zur Umkehr zwingt, wenn man fliehen möchte.

Wo er auftauchte, konnte man atmen: Ein Lebenshauch berührte voll mein Gesicht. Es war vielleicht kein

Wunder, aber doch zumindest eine Wirkung, die nur von ihm ausging. Ja, Jérémies Wanderung durch den Block ließ uns atmen. In meiner Erinnerung verfolge ich deutlich den lichten und reinen Weg, den er durch die Menge nahm.

Damals habe ich nicht begriffen, wer er war, doch ich habe es gesehen. Und dieses Bild begann sogleich in mir so sehr zu arbeiten, daß es mich heute wie ein Leuchtturm erhellt. Ich habe nicht gewußt, wer er war, weil er es nicht sagte. Er hatte eine Geschichte, auf die er oft zurückkam: Er gehörte, wie er sagte, der Christian-Science-Bewegung an. Er war sogar einmal in Amerika gewesen, um dort mit seinen Glaubensbrüdern zusammenzutreffen. Dieses für einen Schmied im Jura recht ungewöhnliche Erlebnis machte mich zwar neugierig, half mir aber nicht weiter. Es umgab ihn nur noch stärker mit einem Schleier des Geheimnisses; doch das war alles. Allein Jérémie war es, der etwas bedeutete, ohne seine Geschichte.

Muß man so viele Bilder gebrauchen, um einfache Vorgänge wie Essen und Atmung zu beschreiben? Ich konnte der Versuchung nicht widerstehen, doch ich weiß, daß Jérémie es mir untersagt hätte. Er wußte zu gut, daß man nicht von Ideen lebt.

Er war ein durch und durch praktischer Mensch. Er wußte, daß wir in Buchenwald nicht von den Ideen leben konnten, die wir über Buchenwald hatten. Er sagte uns das und sagte sogar, daß viele von uns sterben würden. Er hat sich leider nicht getäuscht.

Ich kannte Menschen, die dort starben, weil man sie getötet hat. Für sie kann man nur beten. Aber ich kannte auch viele, die einfach deswegen starben, ganz rasch, wie die Fliegen, wegstarben, weil sie sich in der Hölle glaubten. Ganz einfach deswegen. Damals ergriff Jérémie das Wort.

Es bedurfte eines so einfachen und klaren Mannes, wie er einer war, eines Mannes, der so fest auf dem Boden der Realität stand, um nicht nur das Feuer zu sehen, sondern um darüber hinaus zu blicken. Es bedurfte dazu mehr als nur der Hoffnung. Man mußte sehen können.

Und der alte Jérémie konnte sehen. Er hatte etwas vor Augen, was wir nicht sahen. Es war nicht unser Buchenwald, das Buchenwald der Opfer. Das war nicht das Zuchthaus, der Ort des Hungers, der Schläge, des Todes, des Protests, in das uns andere Menschen – die schlechten – in verbrecherischer Weise gesteckt hatten. Wir, die Unschuldigen, auf der einen Seite, auf der anderen Seite der Andere, der große Unbekannte mit der beißenden und schneidenden Stimme, der »Schweinehund« – dieser Gegensatz existierte für ihn nicht.

Man fragt zu Recht, woher ich das wußte, denn Jérémie sagte ja fast nichts. Nun, manche Menschen – und zu ihnen zählte Jérémie – besitzen zweifellos einen solch vollkommen exakten und umfassenden Gesichtssinn, daß sich dieser Gesichtssinn anderen mitteilt oder zumindest für einen Augenblick auf sie überträgt. In einem solchen Moment ist das Schweigen angemessener und genauer als alle Worte.

Wenn Jérémie inmitten seiner kleinen Aureole von Raum zu uns durch Block 57 kam, verbreitete er Klarheit, vermittelte er uns einen zusätzlichen, einen neuen Blickwinkel. Und deshalb traten wir auch einen Schritt zurück.

Es wäre übrigens falsch zu denken, daß Vater Jérémie uns tröstete. An dem Punkt, an dem wir angelangt waren, wären Tröstungen nur eine Romanze, ein böses Ammenmärchen gewesen. Wir befanden uns nicht im Schlaraffenland, und wären wir so verrückt gewesen, es eine einzige Sekunde zu glauben, dann hätte es ein bitteres Erwachen gegeben. Jérémie sprach hart, und er sah hart. Aber er tat es sacht.

Er hatte nichts Salbungsvolles an sich. Seine Stimme war voll, seine Bewegungen wirkten peinlich genau und nach vorn gerichtet; doch das rührte von seinem Beruf und seinem ruhigen Wesen her. Er war kein Prophet, er war einfach ein guter Mensch.

Jérémie war so wenig Prophet, er erregte so wenig Aufsehen, daß ich nicht weiß, wie viele von den etwa zehn Männern, die in jenen Tagen des Winters 1944 in der Baracke 57 überlebt haben, sich heute an ihn erinnern.

Ich wünsche von ganzem Herzen, daß ich nicht der einzige bin.

Nein, man bemerkte nichts an Jérémie, kein Zeichen war zu erkennen. Er hielt keine Glaubensfahne hoch, allenfalls von Zeit zu Zeit die der Christian Science. Doch damals hatte dieses Wort für mich und meine Landsleute um mich her nur einen seltsamen Nachklang.

Man ging zu Jérémie wie zu einer Quelle. Man gab sich darüber keine Rechenschaft, man dachte nicht darüber nach. In diesem Meer von Schmerz und Leiden gab es diese Insel: einen Menschen, der nicht schrie, der niemand zu Hilfe rief, der autark war.

Einen Menschen zudem, der nicht träumte: Das war wichtiger als alles andere. Wir träumten. Von Frauen, Kindern, Häusern, oft auch von den Nöten und Sorgen von einst, jenem Einst, das wir in unserer Schwäche »Freiheit« nannten. Wir waren nicht in Buchenwald. Wir wollten Buchenwald nicht akzeptieren. Doch bei jeder Rückkehr war es da, und das tat weh.

Jérémie war nicht enttäuscht, warum hätte er also träumen sollen? Wenn wir ihn mit seiner ungeheuren inneren Ruhe daherkommen sahen, hätten wir schreien mögen: »Schließ die Augen! Was man hier sieht, brennt!« Aber der Schrei blieb in unserer Kehle, denn allem Anschein nach hatte er seine Augen gerade auf unser Elend gerichtet und blinzelte nicht einmal dabei. Er schien bei weitem kein Mensch zu sein, der alles auf sich nahm, er war kein Held. Er hatte nur keine Angst, und das war für ihn so selbstverständlich, wie es für uns selbstverständlich war, daß wir Angst hatten.

»Für den, der sehen kann, ist alles ganz alltäglich«, sagte er. Zunächst verstand ich ihn nicht. Ich empfand sogar ein Gefühl, das an Empörung grenzte. Buchenwald sollte eine Ähnlichkeit mit dem alltäglichen Leben haben? Das war doch unmöglich. All diese scheußlichen, verschreckten Menschen, diese schreiende Todesdrohung, diese Feinde überall – sowohl bei der SS als auch unter den Sträflingen selbst –, dieses Stück Hügel, das sich rauchbedeckt gegen den Himmel abhob, mit seinen sieben, den Wald durchziehenden Ringen elektrischen Stacheldrahts – all das sollte ganz alltäglich sein! Ich erinnere mich, daß ich es nicht wahrhaben wollte. Es sollte noch schlimmer oder schöner sein. Bis mich Jérémie endlich sehen lehrte.

Es war für mich keine Offenbarung, keine überwältigende Entdeckung der Wahrheit. Ich glaube nicht einmal, daß man darüber Worte wechselte. Doch eines Tages spürte und erkannte ich, daß Jérémie, der Schmied, mir auf lange Zeit seine Augen geliehen hatte.

Mit diesen Augen sah ich, daß Buchenwald weder einmalig noch gar einer der Orte war, die ein Vorrecht auf die größten menschlichen Leiden hatten. Ich sah auch, daß unser Lager nicht, wie wir glaubten, in Deutschland, im Herzen Thüringens lag, gerade an diesem Platz, der die Ebene von Jena beherrschte. Jérémie lehrte mich mit seinen Augen, daß Buchenwald in jedem von uns war, daß es in jedem von uns gewärmt und aufgewärmt, unablässig gehätschelt und entsetzlich geliebt wurde. Und daß wir es folglich bekämpfen könnten, wenn wir es nur mit aller Kraft wollten.

»Wie alltäglich«, sagte Jérémie manchmal. Er hatte immer Leute gesehen, die Angst hatten, eine Angst, die unüberwindlich war, weil sie keinen Gegenstand hatte. Er hatte gesehen, wie sie sich heimlich vor allem eines wünschten: sich selbst weh zu tun. Das war immer – auch hier – das gleiche. Nur daß hier die Bedingungen dafür endlich erfüllt waren. Der Krieg, der Nazismus, der politische und nationale Wahnsinn hatten ein Meisterwerk hervorgebracht, ein Leiden und eine Not, die vollkommen waren: das Konzentrationslager.

Für uns war es das erste Mal. Doch Jérémie war über unsere Bestürzung ungehalten. Er sagte, sie sei nicht ehrlich und tue uns nur weh.

Er sagte, im normalen Leben hätten wir mit guten Augen dieselben Schrecken gesehen. Früher sei es ja auch möglich gewesen, glücklich zu sein. Jetzt hätten uns die Nazis ein schreckliches Mikroskop in die Hand gegeben: das Lager. Das sei kein Grund, das Leben aufzugeben.

Jérémie ging mit gutem Beispiel voran: Mitten im Block 57 fand er Freude. Er fand sie zu den Zeiten des

Tages, in denen wir nur Angst empfanden. Und er fand sie in so reichem Maße, daß wir sie, wenn er anwesend war, in uns aufsteigen spürten. Und daß Freude uns erfüllte, das war in unserer Lage ein unerklärliches, ja unglaubhaftes Gefühl.

Welch ein Geschenk war das, was uns Jérémie machte! Man verstand zwar nicht, aber man war ihm dankbar, immer wieder dankbar.

Welche Freude das war? Ich möchte einige – wenn auch dürftige – Erklärungen geben: es war die Freude, am Leben zu sein, in diesem Augenblick, im nächsten Augenblick, jedesmal, wenn wir daran dachten, noch am Leben zu sein. Es war die Freude, das Leben der anderen, zumindest einiger anderer, im Schatten der Nacht gegen das unsere schlagen zu spüren. Was soll's? Es war eben Freude, oder war das etwa nicht genug? Es war weit mehr als das: Es war die – ganz unerwartete – Verzeihung, wenige Schritte von der Hölle entfernt, es war die neue Möglichkeit und Fähigkeit zu allem, das große Glück. Ich habe diesen Zustand durch Jérémies Hilfe erfahren. Ich weiß, daß ihn auch andere wie ich erlebt haben.

Es war die Freude, zu entdecken, daß die Freude existiert, daß sie, genau wie das Leben, in uns ist, daß sie keine Bedingungen stellt und daß sie deshalb auch durch keine Bedingung – nicht einmal die schlimmste – zerstört werden kann.

Jérémie vermochte all das, wird man sagen, weil er einen hellen Kopf hatte. Meine Meinung ist das nicht. Denn dieses Attribut gehört in den Bereich der Intelligenz, und in ihrer Welt war Jérémie nicht zu Hause. Ich sagte, daß er sah. Ich habe von ihm gesprochen wie von einem lebendigen Gebet.

Die Spitzfindigen werden behaupten, Jérémies Glaube sei undifferenziert gewesen. Kommt es darauf an? Für ihn und – durch ihn – auch für uns wurde die Welt jeden Augenblick errettet. Die Gnade war grenzenlos. Und wenn sie von uns wich, dann deshalb, weil wir sie nicht gewollt hatten, weil wir – nicht sie – die Freude verloren hatten.

Das sind keine großen Worte, und wenn man dennoch diesen Eindruck gewinnt, so ist das auf meine Ungeschicklichkeit zurückzuführen. Jérémie war ein gewöhnlicher Mensch – gewöhnlich und außerordentlich zugleich.

Man konnte ohne weiteres wochenlang in seiner Nähe leben, ohne ihn zu sehen, von ihm wie »von einem guten alten Mann« sprechen, »der nicht wie die anderen war«. Er bot nichts Spektakuläres in der Art von Helden oder Straßenhändlern.

Was er an Außerordentlichem besaß, gehörte offensichtlich nicht zu ihm und war dazu bestimmt, anderen zugute zu kommen. Wenn überhaupt etwas Spektakuläres da war, so war es an uns, es zu finden, in uns selbst zu finden. Und ich erinnere mich noch ganz klar, es eines Tages gefunden zu haben. An einem Tag wie jedem anderen nahm ich plötzlich einen kleinen Platz wahr, an dem ich nicht mehr zitterte, mich nicht mehr schämte, wo die Personen, die über Leben und Tod entschieden, nur noch Phantome waren, wo das Leben nicht mehr davon abhing, ob man im Lager war oder nicht.

Ich habe diesen Mann wie ein Bild in meiner Erinnerung getragen, denn es war mir heilig.

Wie konnte es verschwinden? Ich weiß es nicht. Es ist lautlos, wie es gekommen ist, gegangen.

Eines Tages sagte mir jemand, daß er gestorben sei. Es muß einige Wochen nach unserer Ankunft im Lager gewesen sein.

So starben die Leute dort. Man wußte fast nie, wie sie umgekommen waren. Es starben zu viele auf einmal: Niemand hatte Zeit noch den Sinn, auf die Details, das »Wie« des Todes zu achten. Man ließ die, die starben, in der Masse untergehen. Es gab eine solide Grundlage von Toten, an der wir, die Lebenden, alle mehr oder weniger beteiligt waren. Der Tod der anderen war so sehr unsere eigene Angelegenheit, daß wir nicht mehr die Kraft aufbrachten, ihm ins Auge zu sehen.

Ich habe über das »Wie« von Jérémies Dahingehen nichts erfahren. Ich habe mich nur erinnert, daß er mich einige Tage zuvor besucht und mir angekündigt hatte, dies sei das letzte Mal. Er tat es durchaus nicht so, als kündige er ein Unglück an, er sagte es ohne jede Feierlichkeit, einfach, es sei das letzte Mal, und da es so sei, hätte er es mir sagen wollen.

Ich glaube nicht, daß ich darunter gelitten habe. Es durfte nicht schmerzhaft sein. Es war es bestimmt deshalb nicht, weil es Wirklichkeit war und ich es gewußt hatte.

Er hatte gedient. Er hatte das Recht, diese Welt, die er ganz durchquert hatte, zu verlassen.

Ich rechne natürlich damit, daß manche zu mir sagen: »Wo sehen Sie etwas Übernatürliches an Ihrem Schmied? Er war Ihnen in einem Moment, wo Heiterkeit sehr schwer war, ein Vorbild der Heiterkeit. Das tat Ihnen gut, aber das war alles. Diese innere Ruhe Jérémies war das Resultat von Mut und einem soliden Gleichgewicht der Nerven, der Stimmung oder vielleicht des Stoffwechsels.«

Nein, so wird man Jérémie nicht gerecht!

Was ich an ihm »übernatürlich« nenne, war der vollständige Bruch mit den Gewohnheiten, den er vollzogen hatte. Mit der gewohnten Beurteilung, nach der wir jedes Mißgeschick »Unglück« oder »Leid« nennen, mit dem gewohnten Drang, zu hassen, Rache zu fordern oder – eine geringere, doch unbestreitbare Form des Hasses – einfach zu protestieren, mit dem gewohnten egozentrischen Taumel, in dem wir jedesmal, wenn wir leiden, glauben, unschuldig zu sein. Er war dem Netz der zwangsläufigen Reflexe entschlüpft, und allein dieser Umstand – niemals eine gute Gesundheit, nicht einmal eine vollkommene Gesundheit, wenn sie überhaupt existiert – kann seine Person erklären.

Er war in sein Innerstes vorgestoßen und hatte dort das Übernatürliche oder – wenn jemand dieses Wort stört – das Wesentliche freigelegt, das von keinen Umständen abhängt, das zu jeder Zeit und an jedem Ort, im Schmerz wie in der Freude existieren kann. Er hatte die Quelle des Lebens gefunden. Und zugleich umgab ihn ein Mantel der Transparenz und der Reinheit. Ich habe das Wort »übernatürlich« gebraucht, weil mir Jérémies Handeln geradezu ein religiöser Akt zu sein scheint: die Entdekkung, daß Gott da ist, und daß eine Rückkehr zu ihm möglich ist.

Das war die »Gute Nachricht«, die Jérémie auf seine sehr schlichte Weise verkündete.

Wir würden alle viel gewinnen, wenn wir unsere Erinnerung unter Quarantäne stellten, zumindest die kleinliche, engstirnige, vollgestopfte Erinnerung, die uns an jene Unwirklichkeit, jenen Mythos glauben läßt: an die Vergangenheit.

Sie ruft plötzlich und ohne jeden vernünftigen Grund eine Person oder einen Fetzen vergangener Ereignisse zurück, die sich in uns einnisten. Das Bild projiziert sich auf die Leinwand des Bewußtseins, bläht sich auf und läßt bald nur noch für sich selbst Raum – ein Kreislauf des festgefahrenen Geistes. Die Gegenwart löst sich auf. Die Momente, die aufeinander folgen, haben keine Kraft mehr, uns zu tragen, sie sind fade geworden. Kurz – eine solche Erinnerung löst Melancholie und Reue aus, eine innere Verwirrung mit all ihren Aspekten.

Glücklicherweise gibt es auch eine andere Art von Erinnerung. Zu ihr gehört für mich Jérémie.

Dieser Mensch verfolgt mich – ich gebe es zu. Aber er sucht mich nicht als Erinnerung heim. Er ist einfach in mich eingedrungen, nährt mich und läßt mich leben. Ich verbringe sehr wenig Zeit damit, an ihn zu denken: Es ist eher er, der an mich denkt.

Um von ihm zu sprechen, mußte ich Buchenwald erwähnen. Doch man täusche sich nicht: Jérémie ist niemals »in Buchenwald gewesen«. Ich bin ihm dort zwar leibhaftig begegnet. Er trug dort eine Gefangenennummer, und auch andere als ich haben ihn gekannt. Aber er war dort nicht in jener besonderen, ausschließlichen, ja individuellen Weise, die wir jenem Satz »in Buchenwald gewesen sein« entnehmen.

Das Erlebnis des Lagers war für ihn nicht mehr als eben ein beliebiges Ereignis: Es traf ihn nicht im Kern.

Es gibt Menschen, an die ich nur mit meiner »kleinen Erinnerung« denke: Sofern ich ihnen im Lager begegnet bin, sind sie für mich dort geblieben. Wenn Jérémie zu mir spricht, so geschieht das nicht aus der Tiefe meiner Vergangenheit, sondern mitten aus meiner Gegenwart heraus. Ich kann ihn nicht umgehen.

So ist es bei allen Menschen, die uns etwas gelehrt haben. Denn dieses »Etwas«, diese Erkenntnis, diesen vermehrten Lebensbezug, konnten sie uns nur vermitteln, weil sie gut wußten, daß all das ihnen nicht gehörte. Wäre Jérémie glücklich gewesen – glücklich aus persönlichen Gründen und infolge einer kostbaren und subtilen Geschichte, die sich von der anderer unterschied –, wie er gewissen Leuten gewesen zu sein scheint, wäre er sicher nicht mehr in meinem Leben gegenwärtig. Er hätte sich unter die pittoresken Gestalten, unter die Gesichter des Übergangs gemischt. Aber Jérémie war nicht glücklich: Er war heiter. Dieses Gut, das er besaß, gehörte nicht ihm, oder vielmehr nur insofern, als er daran teilnahm. Es gehörte ebenso auch uns.

Das ganze Geheimnis und die ganze Kraft jener Menschen, die einer anderen Sache als ihrer provisorischen Existenz dienen, liegt darin, daß man ihnen nicht aus dem Weg gehen kann.

Heute nacht muß ich nicht mehr über mein Elend siegen, sondern vielmehr über mein Glück.

Welch seltsames Gefühl, nach allen Richtungen auf breite Wellen weicher Süße zu stoßen, die bald alle Bewegungen auflösen, die das Dasein schlaff werden lassen wie ein Seil ohne Spannung.

Ich konnte nicht schlafen. Ich stieg hinab in das Zimmer, das man hier als »recreation room« bezeichnet und das ich mein Atelier nenne, weil ich hier für gewöhnlich arbeite. Sogleich hat mich dieser Seelenzustand erfaßt – ein Gefühl des Glücks, der Süße, oder einfach: ein Gefühl der Behaglichkeit.

Eine Behaglichkeit, die so vollständig Grundlage des Lebens geworden ist, daß sie schließlich die Außenregionen, wo sie bisher geherrscht hatte – die gegenständlichen und instrumentellen Bereiche –, verlassen hat und in mich eingedrungen ist, um sich hier mit allen Rechten eines Seelenzustands einzunisten. Eine neue Romantik, die so charakteristisch ist für unsere Zeit.

Ja, Romantik ist das richtige Wort, denn zu meiner Behaglichkeit gehört auch Nostalgie und Widerstand. Ich spüre sogar von weither eine Kraft, eine Gewalt in mir aufsteigen, die ihr widerstehen will.

Ich leiste Widerstand – das steht fest. Irgendwo in mir geht ein Kampf gegen den Köder dieser seidenweichen Nacht vor sich.

Das Haus ist durch die Stille erstarrt; aber es ist eine lebendige Starre wie die von vereistem Wasser. Ringsumher das Gebirge, das in diesem Augenblick schweigt, und der Campus in Feststimmung.

Heute abend war in Hollins, oder besser: in der Stadt, für die jungen Mädchen des College Tanz gewesen. Jetzt kommen sie unter Lachsalven und großem Verabschiedungsgeschrei zurück, auf den knackenden Blättern um die Wette über die Rasenflächen laufend. Die Jungen lassen angeberisch die fündundzwanzig PS ihrer schweren

Wagen aufheulen. Vergebliches Hupen zerreißt die Dunkelheit. All das ist fröhlich, leicht, sprühend, lebendig. All das ist schmerzlos. Und ich, der ich in meinem Atelier diesem reizenden Tumult mit weit aufgerissenen Ohren der Überraschung lausche, fühle mich so leicht.

Wie konnte ich mich eben noch beklagen? Ich bin in dem schönsten Haus, das ich jemals bewohnt habe. Ich kann zu dieser nächtlichen Stunde nichts anderes tun, als es an mich drücken, es mit meiner ganzen Phantasie umarmen, es in jedem Augenblick der Stille auskosten. Vielleicht ist es draußen kalt: eine Novembernacht in Virginia an der Schwelle des Frostes. Aber ich schenke ihr keine Beachtung: die elektrische Heizung benetzt meine Hände und meinen Nacken von oben her mit ihrem gleichmäßig überschlagenen Wasser. Von draußen hört man die Stimmen der Mädchengruppen auf den Rasenflächen und Parkplätzen, wo die verliebten Jungen ihre Motoren aufheulen lassen. Einer oder mehrere müssen wohl darunter sein, die lange nicht Abschied nehmen können. Irgendwo in all diesen Seufzern des leichten Windes, des Fests, der jungen Mädchen und der Nacht müssen Menschen glücklich sein. Ich jedenfalls bin glücklich.

Trotzdem leiste ich Widerstand. Ich empfinde kein Verlangen nach Armut oder Härte, ich habe kein drängendes Bedürfnis nach Unglück. Ich wünschte nur – wie sehr wünschte ich es! –, daß es schwierig zu erklären wäre, warum meine Universität glücklich ist.

Mir scheint, ich weiß zu gut, warum sie das ganze Jahr hindurch ihre Festatmosphäre, ja beinahe einen Charakter der Wollust behält – das ist es.

In einer Ansammlung von sechshundert jungen Mädchen, die unter den Augen von sechzig Professoren spielen, arbeiten, sich grämen und lachen, gibt es Wollust. Aber ich sehe sie auch in den dichten Bäumen des Campus, weil sie in ihrer großen Zahl so angeordnet sind, daß jede der Alleen, jeder der Hörsäle eine beschützte Welt bildet. Wollust findet man im gemähten Gras, im süßlichen Duft der Äpfel oder des frischen Holzes, in der Vollkommenheit der Berglandschaft und in der Nähe der allgewaltigen Straße, vor allem aber im Zusammentreffen all jener Reichtümer an einem Ort, die anscheinend aus der ganzen Welt zusammengekommen sind, um hier abgelegt zu werden und diesen Humus des Glücks zu bilden, dessen Duft meinen Kopf erfüllt.

Sicher würde ich mich dieser Süße hingeben, wenn ich nicht ihre Ursachen kennen würde, wenn ich nicht quer durch Amerika so viele Autos und so viele Kühlschränke zählen müßte, so viele Fernsehapparate, Klimaanlagen, so viele begüterte Familien, so viel Vorrat an Nahrungsmitteln und so viele Industrien in Hochkonjunktur.

Vielleicht ist das ein aus Europa versehentlich mitgebrachter boshafter Gedanke: Doch ich wünschte wirklich, daß die jungen Mädchen meines College und ihre Begleiter auf Spaziergängen und Tanzveranstaltungen auf etwas zu warten hätten, auf etwas, das nicht kommt.

Dabei denke ich im Grunde genommen schon nicht mehr an mein College, sondern an ganz Amerika und die moderne Zivilisation. Man mag mir erwidern, meine Gedanken träfen nicht das rechte Maß und seien viel zu allgemein. Aber ich sagte ja schon, daß dies keine Gedanken sind, sondern ein Seelenzustand, der Zustand der Behaglichkeit.

Auf etwas warten müssen, das nicht kommt. Oder besser: auf etwas warten müssen, das von uns kommt. Denn ich glaube nun einmal, daß diese Ausgewogenheit, diese Behaglichkeit für Hollins nur ein vorläufiges Gut ist, ein Gut, das sich auf eine Voraussetzung gründet, deren Unbeständigkeit mich erschreckt: daß nämlich das Universum dazu da sei, den Menschen Glück zu schenken, daß das seine eigentliche Bestimmung sei und daß es nur eines gedankenlosen, automatischen Zeichens bedürfe, all seine Gaben auszulösen. Was würde geschehen, wenn mein College plötzlich keine Wärme mehr erhielte, keine Nahrung mehr, oder einfach nur keine kleine, belanglose »Schönheitspflege« mehr, von der es lebt? Was würde geschehen, wenn einer der Fäden dieses sonderbaren, glücklichen Gebäudes reißen würde? Was, wenn ein Belagerungszustand, eine Panik oder die Armut ausbrechen würde? Würden dann die jungen Mädchen von Hollins noch lachen?

Ich wünschte, daß sie es täten. Ich wünschte es für sie. Aber ich habe Angst. Und meine Furcht erstreckt sich wohlgemerkt über die kostbaren Grenzen unseres Campus hinaus.

Das ist der Widerstand, den ich inmitten dieser süßen Nacht in mir emporsteigen fühle: Ich habe Angst, daß auch ich vergesse, und das genauso schnell wie die anderen. Daß ich vergesse, daß die Erde sehr reich ist, daß dieser Reichtum jedoch für mehrere Arten, und nicht nur für die eine, die menschliche Spezies, da ist. Daß ich vergesse, daß materieller Besitz zwar gut ist, doch nur unter der Bedingung, daß man leicht mit ihm umgeht. Ironisch gesagt: so, wie man einen Kreisel betrachtet, der sich dreht. Er mag gut oder wird zumindest nicht schlecht sein, wenn wir nicht damit rechnen, von ihm zu leben. Das ist mein ganzes Anliegen heute nacht: das Leben dort zu suchen, wo es Lebensreserven gibt, und nicht die falsche Adresse zu wählen. Es in mir zu suchen, an jenem innersten Ort, wo es keinen Himmel, keinen Rasen, keine Autos und keine sichtbare Macht irgendeiner Art gibt, sondern nur das Leben.

Man darf das Leben nicht verlieren. Es ist eine starke, aber verborgene Quelle: Schlagen wir einige Umwege ein, verirren wir uns und haben sie für lange Zeit verloren. Nun, heute nacht scheint es mir, daß sich der Campus von ihr entfernt hat, ich weiß nicht, auf welche Weise. Das gibt ihm einen unwirklichen Charakter. Ich fühle zwar Behagen, aber ich fühle keine Freude.

Die politische Freiheit ist eine gute Sache. Die soziale Freiheit ist eine gute Sache. Aber es gibt eine andere Form der Freiheit, von der heute – wie durch ein gemeinsames Abkommen des Schweigens – niemand spricht, weder in den demokratischen Ländern, noch in den anderen: Das ist die innere Freiheit.

Ich meine nicht die religiöse Freiheit. Sie ist – man möge mir verzeihen – wichtig, aber relativ überflüssig. Ich meine die Unabhängigkeit, die Nicht-Abhängigkeit der Menschen, jedes einzelnen für sich, gegenüber den materiellen Gütern, dem Meer von Dienstleistungen und Produkten, die aus seinen Industrien hervorgehen. Man kann es noch einfacher ausdrücken: die Nicht-Abhängigkeit der Menschen gegenüber der äußeren Welt.

Durch die wohlgestaltete und duftende Nacht meines College sehe ich, daß mein College – genauso wie jeder andere Ort der Erde – nur bestehen kann, wenn es dort Menschen gibt, die es sehen, die es bei jedem Blick, den sie darauf werfen, neu erbauen. Ich sehe, daß seine Schönheit nur dann existiert, wenn die Mädchen und die Lehrer, die es bewohnen, sie aus ihrem Innern heraus jeden Morgen neu erstehen lassen.

Die Dinge sind Fallen und schließen sich um so schneller über uns, je vollendeter sie sind. Hollins, Amerika, die Zivilisation des zwanzigsten Jahrhunderts – sie alle sind Fallen.

Es gibt in Wirklichkeit nur einen Reichtum. Ich kenne ihn zwar nicht genau, aber ich glaube in der Nacht den Weg zu sehen, der zu ihm führt. Ich stehe vor einem Tor. Dieses Tor – das zumindest ist mir klar – führt mich zu einem inneren Leben und nicht zu den Dingen.

Wieder einmal hat mich Amerika – vielleicht durch einen Kontrast – auf die Armut hingeführt. Nicht auf meine Armut: Die Armut gehört – wie alles auf der Welt, was zählt – nicht zuerst einem Menschen, dann einem anderen und wieder einem anderen. Sie wartet geduldig auf uns. Sie wartet, daß wir uns um sie kümmern. Sie weiß, daß es eines Tages darauf ankommen wird, ob wir sie akzeptieren.

Aber jetzt möge mein Campus in Virginia leben! Möge er jeden Tag gelehriger, lustiger, spritziger, gemütlicher und schöner werden: Mir soll es recht sein. Ich wünsche es sogar, und mit ihm möge die ganze Welt harmonischer werden! Aber ich wünsche noch mehr, nämlich daß man nicht vergessen möge, daß es den Menschen wenig nützt, wenn die Dinge außerhalb von ihnen paradiesisch eingerichtet sind.

»Mein Königreich ist nicht von dieser Welt.« Man sollte endlich verstehen, daß dieses Wort nicht nur eine religiöse, das heißt indirekte, symbolische, ja dunkle Bedeutung hat, sondern auch eine positive, daß nämlich das ganze Universum in dieser Art erschaffen ist.

Die Gestalt von Louis Onillon muß sehr schattenhaft bleiben. Denn dieser Mann, dessen Geschichte ich erzählen möchte und der mich so viel gelehrt hat, wußte nichts. Nichts wirklich. Und wenn ihm wie durch ein Wunder eine Erkenntnis in den Kopf kam, zeigte sie nur, wie dumm er war. Er war ein Armseliger einer ruhmlosen Spezies, ein Wehrloser, ein Bettler. Doch eigentlich wußte ich nicht, was Louis Onillon war. Er war von einem einfältigen Geheimnis umhüllt, nach dem wir alle bohrende Fragen stellen können.

Als ich Louis begegnete, war er ein Dieb. Er stahl nicht aus Tücke oder Besessenheit: Er nahm einfach anderer Leute Dinge, wenn er auf sie stieß, zum Beispiel ihre Nahrungsmittel.

Eben das geschah in den ersten Monaten meiner Deportation, einige Zeit, nachdem ich Jérémie kennengelernt hatte, und all das spielte sich zwischen Phantomen ab.

Ich meine damit, daß meine Kameraden und Mithäftlinge keine richtigen Menschen mehr waren. Auch ich war kein Mensch mehr. Es gab zu viel Schrecken, Hunger und Kälte: Wir begannen Bewegungen, ohne sie jemals zu Ende zu führen, wir öffneten den Mund, doch wir brachten nur halbe Sätze heraus.

Wir wirkten alle wie Gespenster, die zwischen Decke und Boden unserer Baracken dahintaumelten, wie steife Pantomimen, die lebendige Bewegungen nachahmen.

Ich selbst sah und hörte fast nichts mehr. Die Schreie, das Keuchen, die erbitterten Streitereien – all die gellenden Geräusche blieben auf eine unwirkliche Weise in der Luft hängen: All das schien nicht von menschlichen Wesen zu kommen, auch nicht von mir selbst.

Meine Erinnerung an diese Zeit ist die Erinnerung eines Betrunkenen: Sie bringt alle Dinge durcheinander, bläht sie auf, reißt sie auseinander und läßt sie hin und her flimmern. Seltsamerweise gehen manche Gestalten unversehrt aus ihr hervor: Zu ihnen gehören Jérémie und später Louis, der Dieb.

Drei Tage lang aß ich kein Brot mehr. Das war bitter, denn das Brot machte sicher die Hälfte unserer Ernährung aus. Es blieb mir nur die Suppe. Ich hatte kein Brot mehr, weil ich nicht auf die Idee gekommen war, das, was man mir davon zuteilte, sicherzustellen, das heißt, es sofort ganz zu verzehren. Irgend jemand hatte mir, dreimal hintereinander, meine Ration genommen.

Schließlich wußte ich es. Die anderen sagten es mir. Ich erfuhr, daß das »Holzbein« mein Brot aß.

Das »Holzbein« war mir schon vertraut, denn ich stieß jeden Abend dagegen, wenn ich um mein enges Nachtlager zwischen den zusammengepferchten Körpern der zweiten Etage kämpfen mußte. Es war der einzige Gegenstand, der sich nicht bewegte, was man auch unternahm, der in erschreckender Unbeweglichkeit zwischen dem Gewimmel von Armen und Köpfen vollkommen steif liegenblieb. Das »Holzbein« war wie ein Baumstumpf, der mitten im Weg stand. Es war mit einem leichten Stoff bekleidet: einer dünnen Hose mit langen Rissen. Ich hatte mich noch nicht gefragt, ob es am Ende dieses Beines auch einen Menschen gebe. Ich umging es lieber, denn es sah mir zu stark aus.

Doch an jenem Tag, an dem man mir gesagt hatte, wo mein Brot hingekommen war, stieg ich bis zum Menschen empor. Das war mein erster Kontakt mit Louis.

»Man sagt, du hast mir mein Brot gestohlen, ist das wahr?« Auf diese törichte Weise redete ich ihn an. Ich erwartete nicht, daß er ausrief: »Aber ja!« Oder vielleicht erwartete ich es auch, denn in jener Zeit unseres Lebens waren alle Regeln, zu lügen oder die Wahrheit zu sagen, alle Reflexe, in Unordnung geraten.

Er sagte nicht »ja«, aber er wiederholte vier- oder fünfmal: »Was, was, was...?« Und diese Worte, der ausdruckslose Ton seiner Stimme wurden immer schwächer. Das »Was« sagte mit so vollkommener Deutlichkeit – unvergleichlich besser als ein Geständnis – »ja«.

Ich weiß nicht, was mich damals geleitet hat: ein Instinkt zweifellos, sicherlich keine Großmut. Ich dachte übrigens schon gar nicht mehr an die Kränkung. Ich schlug dem »Holzbein« einen Pakt vor. Wir, er und ich, wollten uns mit dem Ziel zusammentun, nicht mehr zu stehlen. Er sollte mein großer Kumpel, mein Bruder werden, damit wir einen Weg fänden, um besser zu leben. Ich sei jetzt sicher, daß er mein Brot nicht gestohlen habe. Folglich werde er es auch in Zukunft nicht stehlen. Ich sagte meinem sprachlosen Ich eine Ungereimtheit dieser Art nach der anderen. Und er, am Ende seines Beines, das wie ein Baumstumpf aussah, blieb erstarrt mit seinen »Was«, die ihm im Mund hängen blieben.

So begann eine der echtesten Freundschaften, die mir der Himmel bis zum heutigen Tag geschenkt hat. Ich sagte übrigens schon, daß man viel im Dunkel lassen muß. Es muß zum Beispiel nicht unbedingt Louis gewesen sein, der mein Brot gestohlen hat. Andere hatten ihn denunziert. Woher sollte man wissen, ob sie nicht selbst die Diebe waren. Zwischen Louis und mir ist nie mehr die Rede davon gewesen.

Auf meinen Vorschlag antwortete Louis nicht, aber sofort danach teilte er seine Decke mit mir. Und so begannen Gespräche zwischen uns, Gespräche, die recht wenig der üblichen Unterhaltung glichen und die ungefähr fünfzehn Monate dauern sollten. Dieser Mann konnte reden, aber verstand nicht zu antworten. So konnte ich durch Fragen nicht viel über ihn erfahren. Ich mußte mich gedulden. Er führte Monologe. Er erzählte seine Geschichte auf eine hastige und eigensinnige Weise. Er begann ganze Partien von neuem und änderte dabei die Einzelheiten, als ob er sich beim erstenmal geirrt hätte.

Natürlich wußte ich sofort, daß ich mich mit jemand eingelassen hatte, den man für gewöhnlich als Schwachkopf bezeichnet. Aber für mich war er kein Schwachkopf. Ich stufte ihn nicht ein, für mich war er Louis, »Klein-Louis«. In wenigen Stunden begann die Zuneigung zwischen dem »Holzbein« und mir im verborgenen die ersten Fäden zu knüpfen.

Ich erinnere mich noch daran, wie die anderen, besonders diejenigen, die Louis denunziert hatten, auf unsere Freundschaft reagierten, die für sie eine Strafe und ein Ärgernis war.

Schon am nächsten Tag waren alle im Bild, denn Louis begleitete mich überallhin. Er war zu meiner Leibgarde geworden und hätte sich bereits darum geschlagen, es zu bleiben. Ich mußte alles mögliche hören. Die Spießer meiner Baracke, meines »Blocks«, wie wir sagten, besannen sich plötzlich auf die ganze boshafte Freimütigkeit ihrer Moral, um mich vor diesem »üblen Subjekt«, diesem Spitzbuben, diesem Strolch, diesem »Faulenzer« zu warnen. »Zum Teufel, ein junger Führer der Résistance wie du, mein Kleiner, hat eine Würde«, wiederholte wütend ein Kommandant der aktiven Armee. »Man kompromittiert sich nicht.« »Sich kompromittieren« – was war das doch für ein seltsames Wort für eine so harmlose Sache, wie sie Louis und ich zusammen begannen. »Er wird dir schaden, er ist kein Umgang für dich«, sagte ein mitleidiger und gewissenhafter Lehrer. Die anderen murmelten, wenn wir vorbeigingen, zeigten mit dem Finger auf uns und dachten wohl an den Verfall der öffentlichen und sozialen Moral, die fatale Folge der Promiskuität in den Konzentrationslagern.

Die armen Leute, die sich noch zu Hause, in sicherer Deckung hinter ihren Gehässigkeiten und ihrer Umsicht, wähnten!

Wir waren aber nicht zu Hause. Wir waren an keinem Ort, wo es irgend etwas zu schützen gegeben hätte außer dem Leben und der Liebe, diese beiden Dinge aber dringend, denn sie waren gerade dabei, aus uns zu entweichen.

Nach einigen Tagen hatte der bürgerliche Nachrichtendienst eine unglaublich detaillierte Polizeiarbeit geleistet. Er schickte Boten zu mir. Der eine flüsterte mir ins Ohr, daß Louis seinen Vater nicht kenne und was eine solche seltsame Moral betreffe, sei das eine Schande, die auf den Sohn zurückfalle. Der andere meldete mir, daß Louis sein Bein im Alter von ungefähr zehn Jahren unter zweifelhaften Umständen verloren habe. Und dem vertraulich-mißbilligenden Ton konnte man entnehmen, daß ein Junge von zehn Jahren sich das rechte Bein bis zur Höhe des Oberschenkels sehr wohl aus Verderbtheit oder nach einer üblen Tat ausgerissen haben konnte.

Ich weiß, all das erscheint wenig glaubhaft. Ich selbst aber mußte mich daran gewöhnen, denn diese so prompt und so einstimmig eingeleitete Verfolgung dauerte fünfzehn Monate an, in denen ich nicht das leiseste Zeichen der Ermüdung feststellen konnte. Ich antwortete kaum auf sie: Ich war zu verblüfft und zu empört.

War es ein so großes Privileg, allzeit in meiner Nähe zu leben? Für Louis war es das offensichtlich. Auch für mich bedeutete es ein Vorrecht, in seiner Nähe zu sein. Aber was dachten die anderen?

Sie nannten es »Angestelltenverhältnis«. Das war das zweite Stadium ihrer Offensive. Ich hätte Louis zu meinem Bediensteten gemacht. Oder Louis hätte sich entschieden, mein Diener zu werden. Die Anklage war nicht ganz klar. Und diese Meinung konnte ich – weniger als alle anderen – ertragen, wußte ich doch so gut, daß diese mißtrauischen, geizigen, schwachen und furchtsamen Leute nicht einmal ahnen konnten, was zwischen uns beiden bestand.

Sie konnten es nicht, weil sie weder in ihren Schulen, noch aus ihren Zeitschriften, weder in ihren Armeen noch ihren Behörden jemals erfahren haben, was eine natürliche Beziehung, ein Austausch zwischen zwei Menschen bedeuten kann. Sie wußten nur, was sie gelernt hatten, was man sie gelehrt hatte. In jener Zeit entdeckte ich eine neue Welt, neu insofern, als sie kein Urteil zuließ.

Was in Louis vorging, kann ich nicht sagen. Aber es schien für ihn wichtig zu sein und verlieh ihm eine ernste Erregung.

Louis war wie ein Nebel. Je nach dem Zeitpunkt mehr oder weniger kalt oder warm, mehr oder weniger dicht. Wie hätte ich jenes Wesen beurteilen sollen? Wie hätte mir die Idee kommen sollen, ihn in einen Menschentyp, in eine Kategorie einzureihen? Louis Onillon war ein Element.

Wochenlang wußte ich nichts über sein Alter und machte mir darüber auch keine Gedanken. Das war für mich mit meinen zwanzig Jahren sehr erstaunlich, denn ich maß damals der Chronologie große Bedeutung bei; aber es war erklärlich, denn Louis hatte für mich kein Alter.

Als ich erfuhr, daß er fünfundzwanzig Jahre war, sagte mir das nichts. Er war zu naiv, als daß er verdient hätte, erwachsen genannt zu werden, zu gerissen, als daß er noch hätte ein Kind sein können. Er war lange Zeit wie ein Grenzstein: Er stand am Rand der Straße und bewegte sich nicht von der Stelle. Es gehörte für ihn zum Leben, daß das Leben um ihn herumging und ihn wegschob, als ob gerade dies das Wesen des Lebens wäre. Er tat nichts dazu.

Um mir zu dienen, hatte sich jedoch das »Holzbein« auf eine unerwartete und sogar unwiderstehliche Weise »in Bewegung gesetzt«, vor allem, als er erfahren hatte, daß ich mütterlicherseits aus einem Dorf in Anjou stammte. Damals brach es zum erstenmal aus ihm heraus.

»Nein, beim Teufel! Nein!« sagte er. Das war zu schön für ihn, zu viel auf einmal: Das ging nicht. Denn auch er war von dort. Er war an der Loire geboren, irgendwo zwischen Saumur und Angers. Ob auf dem rechten oder linken Ufer, war schon schwieriger festzustellen, denn obwohl er es im Grunde gut wußte, verhedderte er sich unheilbar in der Beschreibung der Brücken und Uferböschungen. Man war Landsmann, und diese Enthüllung hatte die unerwartetsten Folgen.

Es war für ihn, als habe er entdeckt, daß ich seine Sprache kannte, daß ich nicht nur »die Mundart der Pfaffen« sprach, wie er sagte, sondern daß ich auch nützliche Wörter konnte. Sein Entzücken schlug um in Ausgelassenheit, in Rausch. Auf seinem künstlichen Bein stampfend, begann er den Umstehenden Püffe zu geben und zwang sie, die Neuigkeit zu vernehmen. Oder er pflanzte sich inmitten einer Menschengruppe auf und kommentierte die Angelegenheit, »diese unglaubliche Sache«, ohne sich auch nur einen Augenblick darum zu kümmern, ob ihm jemand zuhörte oder nicht – so wie Betrunkene mitten auf der Straße vor sich hin schwätzen.

Die Trunkenheit war allerdings ansteckend, denn auf mich, den Studenten, für den es keine Überraschung mehr war, daß Demokrit aus Abdera und der heilige Augustin aus Tagaste stammte, wirkte es genauso erstaunlich und begeisternd, daß Louis wie ich aus Anjou kam. Louis' dicker, runder Kopf – ein ausdrucksloser Kopf – brachte es fertig, mich sogleich an all seinen Seelenzuständen teilnehmen zu lassen.

Die Erregung wuchs jeden Tag mehr. Da ich ja aus dem Maine- und-Loire-Gebiet kam, hatte ich auch das Recht, alles kennenzulernen. Man konnte mich überall vorzeigen. Im Vordergrund standen aber nicht die Erinnerungen, die Bewohner von Louis' Dorf oder das Maine- und-Loire-Gebiet. Wer das glaubt, kannte »Klein-Louis« schlecht: Im Vordergrund stand das Lager.

Tagelang nahm mich Louis überallhin mit, überall dahin, wohin man gehen durfte: um den Block herum, durch die zwei benachbarten Blöcke, auf jener Straße voll wackliger Steine, die auf dreihundert Meter die Hauptader des »Kleinen Lagers« bildete, den »Boulevard des Invalides«.

Ich kannte bereits alle Stacheldrahtverhaue, alle Stufen und die Latrinen, die sich über hundertsechzig Meter erstreckten. Aber ich mußte die Besuche wiederholen, weil Louis die Honneurs machte. Er führte sich genau so auf, als ob all diese schrecklichen Orte mit Recht und von Grund auf ihm gehörten und ich, der in Paris wohnende »Junge aus der Heimat«, hier auf Besuch wäre.

Ich hatte tatsächlich stark den Eindruck, daß Louis trotz des feststehenden Datums nicht zur gleichen Zeit wie ich ins Lager gekommen war. Er hatte sich daran gewöhnt, was vielleicht auf seine Kindheit zurückzuführen war. Dieser Bereich – das Unglück – gehörte ihm, ja, dies war sein Stück Erde, und er empfand keinen Widerwillen dagegen.

Er war im Gegenteil stolz darauf, in einem Konzentrationslager, in Buchenwald – er sagte: Buchanuald – zu sein. Gerade hier, denn man hatte ihm gesagt, es wäre »eines der härtesten Lager in Deutschland«. Er fand es ganz natürlich, daß es hier »Kommandos«, Wachtürme und Krematorien und Leute gab, die starben. Eine andere Sache störte ihn weit mehr: daß es hier so viele Leute gab und dazu noch so bedeutende.

Wir zwei gaben ein reizendes Gespann ab! Ich, der blinde junge Mann, dem der kahle Schädel, die Bauernjacke mit den zerfetzten Taschen aus der Ukraine, die ich bei einer Verteilung alter Kleider vorsorglich ergattert hatte, und die vor Strapazen und Schlafmangel aufgedunsenen Züge ein rätselhaftes, halb kindliches, halb autoritäres Aussehen verliehen, und er, mein krummbeiniger, überfürsorglicher Wächter, der sein bewegliches Bein beim Gehen ruckhaft nach vorn warf, der mich immer an der Hand, am Arm, Ellbogen, Ärmel oder sogar am Kopf hielt und mich führte, und der mich immer ein bißchen zu sehr, über das Nötige hinaus beschützte, als hätte er es sich zur Aufgabe gemacht, einen ausgebreiteten Mantel über mich zu halten. Wenn ich uns heute so sehe, verstehe ich gut, daß wir für fast alle unsere Kameraden ein Rätsel gewesen sein müssen.

Meine Kameraden aber wußten nicht, daß ich bei der Entschlüsselung dieses Geheimnisses nicht weiter vorangekommen war als sie. Rätselhaft war auch, daß ich an meinen Gesprächen mit Louis Freude hatte, ja mehr noch: daß ich aus diesen Gesprächen mit einem Mann, den ich einige Wochen zuvor für einen armen Teufel am Rand des Schwachsinns gehalten hätte, Kraft und neues Leben schöpfte.

Louis' Erlebnisse faszinierten mich. Er war gegen 1920 in Anjou geboren. Seinen Vater hatte er nicht gekannt. Als er zehn Jahre alt war, hatte er eines Winterabends zwischen dem Geländer der Nationalstraße, die an der Loire entlangführt, und dem Vorderrad eines Lastwagens, der ins Schleudern geraten war, sein Bein verloren. Das Bein war zerquetscht und zerstückelt worden, und der kleine Junge, der sich über das Geländer gelehnt hatte, wurde durch den starken Stoß in den Fluß gestürzt. Blutüberströmt hatte man ihn wieder herausgefischt. Das war noch nicht alles: Einige Wochen später – er war noch im Krankenhaus – starb plötzlich seine Mutter. Ich glaube, er hat nie erfahren, unter welchen Umständen und an welcher Krankheit. Daraufhin hatte man nach Verwandten geforscht, aber es fanden sich nicht einmal entfernte. Dann kamen die Schule für Wiedereingliederung Körperbehinderter, die Schuhmacherlehre, für den Jugendlichen die Arbeit unter lieblosen Meistern, das heimliche Herumstrolchen durch die Straßen von Angers, das Ausschreien des Lokalblatts auf den Plätzen der Stadt, und der Krieg.

Diese Erlebnisse faszinierten mich wegen ihrer Beharrlichkeit, mit der sie das Unglück zusammenfügten, mehr aber noch wegen der Art, mit der Louis, ihr Opfer, sie vortrug. Sie war weder traurig noch überhaupt resigniert, eher tröstlich; das Leben war für ihn wie das Lager: etwas, über das man reden konnte, weil es eingetroffen war, etwas, das interessant werden konnte, bei dem man aber nicht zu finster dreinschauen durfte, aus Furcht vor Stockschlägen, die daraus hätten resultieren können. Daher rührte immer ein gewisses Lächeln. Kein Lächeln auf Louis' Gesicht – es war ernst wie das eines alten Räubers. Aber wohlversteckt in seiner Stimme, in der Art und Weise, wie er die gräßlichsten Details wiederholte, sie dem Mahlwerk endloser Berichte unterzog, um ihnen die Schärfe zu nehmen.

Nun, Louis sprach über seine eigenen Leiden mit der genießerischen Redseligkeit, mit der man sich sonst über die anderer Leute ausläßt. Er schien sich niemals in jener Folge schmerzlicher Vorfälle wiederzuerkennen. Er war bereits nicht mehr dort. Er war hier mit mir zusammen, oder besser: bei mir, warm und bequem eingebettet in die Aufmerksamkeit, die ich ihm schenkte, weit von dem entfernt, was er selbst war.

Und ich sehe Louis plötzlich vor mir, so wie er sich in meinem Gedächtnis festgesetzt hat: ganz oder fast unbeweglich, ein Bein gekrümmt, das andere wie ein Pfahl leblos herabhängend, mit unbeweglichem Kopf und offenem Mund immer geradeaus schauend, verdutzt. In Wirklichkeit war Louis gar nicht so starr: Er hatte Anfälle von Empfindsamkeit. Doch was er auch tat, selbst wenn er Zuneigung oder Zorn empfand, er geriet nie ganz in Bewegung, ließ sich nie ganz stören. Die Masse seines Lebens – sowohl der bessere wie der schlechtere Teil –, all das, was lange Zeit gebraucht hatte, um angesammelt zu werden, blieb und wartete mit seinem ganzen Gewicht tief in einer dunklen Höhle, zu der ich allein Zutritt hatte.

Der Zorn ist eines jener Bilder im Schauspiel des menschlichen Lebens, die recht wenigen Menschen gut gelingen. Trotzdem weiß ich nicht, ob ich jemals so vollkommen mißratene Wutausbrüche wie die von Louis gesehen habe. Sie waren häufig und kurz, oder besser: Sie blieben stecken.

Sie vollzogen sich meist in meiner Abwesenheit. Wenn ich nach Hause – das heißt, in die Reichweite von Louis' Stimme – zurückkehrte, wurde ich von einem lautstarken »Herrgott noch mal nein« überfallen. Was war passiert? Zweifellos gar nichts. Sicher nichts, das irgendeinen Zusammenhang mit mir oder mit uns beiden hatte: vielleicht die Wiederkehr eines Unglücks, die Heimsuchung einer Erinnerung, die »übel gesprochen« hatte, ein Splitter. Nichts – nur ein Stich. Aber da ich zurückkam, war ich der Leidtragende. Allerdings nie lange: Ich lächelte oder legte auf gut Glück meine Hand auf Louis, oder ich machte ein Gesicht, als sei ich todmüde, von Kummer und Mühen erschöpft. »Herrgott noch mal nein ... Mein kleiner Kerl ...«, sagte er dann, und sein Zorn wurde ganz zurückhaltend, streckte sich frostig neben mir aus, war nicht mehr vernehmbar. Doch manchmal hätte man minutenlang spüren können, wie er in all den kleinen Zuckungen des Holzbeins mitschwang. Der Stumpf konnte sprechen. Er sagte all das, was der Mensch nicht mehr sagen konnte. Genau an der Stelle, wo Louis' Verstümmelung am wenigsten vollendet war, sahen sie alle anderen.

Louis konnte seine Zornesausbrüche nie beenden. Das kam daher, daß er nicht wußte, an wen er sie richten sollte. Der Feind war zu stark, zu vielseitig. Er hätte tausend Köpfe gebraucht, um ihm die Stirn zu bieten, und schon der eine, über den er verfügte, war zu schwer und zu überlastet, um ihm zu Hilfe zu kommen, und zog es vor, seinen Sorgen eine andere Richtung zu geben und sich mit den Angelegenheiten anderer statt mit den eigenen zu befassen. Dazu war gerade der »kleine Kerl« gut.

Ich glaube nicht, daß ich Louis' Güte, seine Großmut, seine Mütterlichkeit verleumde, wenn ich sage, daß sie alle einer grundlegenden Schwäche, einer tief in seinem Fleisch verwurzelten Schwäche entsprangen. Diese Schwäche kann ich jedoch nur achten und lieben, denn sie scheint sehr wohl von Gott gegeben worden zu sein. Louis hatte seine Schwäche wie andere ihren Heroismus: unausweichbar, ohne eigenes Zutun vorhanden, naturgegeben.

Hinzu kamen Louis' Zornesausbrüche in der Öffentlichkeit. Sie waren ebenso kümmerlich wie die anderen, aber oft durchdringend wie Fanfaren. Ich entdeckte plötzlich, daß Louis nicht mehr da war: Er war weggegangen, um »irgend jemand anzuschnauzen«. Das ging im allgemeinen folgendermaßen vor sich: »Ich habe dich gesucht«, sagte er zu dem Erstbesten, den er in den unteren »Rängen« unseres apokalyptischen Schlafsaals antraf. Ich hörte Auseinandersetzungen aufsteigen, die bis zur Drohung anschwollen. Dabei war jedes Thema recht. Das Fehlen jeglichen Anlasses machte die Kräfte noch ausdauernder. Endlich wurden Geschrei und Flüche schwächer, und zu mir zurück kam ein heimlich ausgerissener, verwirrter und im Grund entzückter Louis, entzückt, irgendwo »in dieser Bande von Kuhbauern« – so bezeichnete er den »Feind« – ans Licht getreten zu sein, bestanden zu haben. Der »Feind« wußte nichts und würde niemals etwas begreifen. Bei ihm war alle Mühe umsonst. Der »Feind« war noch nicht einmal geboren, »als Jesus Christus Feldhüter auf den Hügeln von Bouillon« war – eine Redewendung, die sich unaufhörlich wiederholte und die ich wohlgemerkt nie verstanden habe. Der »Feind« wollte ihm persönlich zu Leibe rücken: Das war das einzige bekannte Faktum.

Ich habe ihm das nie auszureden versucht, denn ich ahnte dunkel, daß es in Louis' Situation sehr wohl einen »Feind« gab, der aber so tief in der Vererbung, in früheren Existenzen vielleicht oder in einer kranken Spalte der sozialen Welt begründet war, daß weder er noch ich die Macht gehabt hätten, ihn zu vertreiben.

Ich fand zwei Arten, Louis' Zornesausbrüche, sofern sie sich gegen mich richteten – was vor allem am Anfang unseres Zusammenseins häufig passierte –, zu beenden: Entweder stellte ich mich taub, minutenlang vollständig taub, oder ich brach selbst in Wut aus. Dann allerdings nach einem gewissen Ritus: Mein Zorn mußte so schwerfällig sein wie der seine – denn selbst in diesem Zustand der Erregung ging Louis mit gleichmäßigen und fast umsichtigen Schritten vor –, schwerfällig, voll unnötiger Vorsichtsmaßnahmen, gebührend redselig und sehr geräuschvoll. Der Lärm spielte dabei eine große Rolle. Man mußte schreien, ja, kreischen: Das war ein Zeichen, im Recht zu sein. Ich kreischte. Vor allem aber bemühte ich mich, nur Dinge zu sagen, die Louis selbst hätte sagen können. Es war notwendig, ihm das Gefühl zu geben, daß jemand genau an seiner Stelle spricht, daß jemand dieselben Personen mit denselben Argumenten anklagt, daß jemand ihm den Stock entrissen hat und auf den gleichen Kadaver einschlägt. Wenn ich auf solche Weise Louis' Zorn zu übernehmen verstand, fiel dieser in sich zusammen und erstarb. Louis fühlte sich akzeptiert. Mehr wollte er nicht.

Mit seinen Zornesausbrüchen suchte er sich auf seine Art eine Familie. Das Drama dabei war, daß die anderen darin in keiner Weise diese Absicht erkannten: Sie glaubten sich angegriffen, während sie in Wirklichkeit Gegenstand eines Friedensangebots, ja eines Angebots ewiger Freundschaft waren.

Louis suchte leidenschaftlich einen Herrn, einen Menschen, der es angenommen hätte, von ihm bedient zu werden. Aber die »Kuhbauern« konnten auf keinen Fall Herren sein. Sie waren es so lange nicht, wie sie Louis nicht von seinem Zorn befreien konnten.

Einige Minuten nach einem solchen besonders kräftigen Schwall von Flüchen fragte ich Louis, was er über den »Kerl von gerade eben« denke. Er erinnerte sich nicht mehr. Er sah wohl den »Kerl«, aber er hatte von ihm nur ausgezeichnete Erinnerungen: die von tags zuvor, aus der Zeit vor dem Krawall.

Dieses zeitweise verdunkelte Erinnerungsvermögen hatte bald zur Folge, daß Louis niemandem im Block mehr feindlich gesinnt war. Er sagte sogar über jedermann Gutes. Aber zwei Drittel des Blocks haßten ihn. Schließlich war Louis unglücklich und fragte sich in langen, bemitleidenswerten Monologen, warum.

Ihm zu verstehen zu geben, daß er sich selbst übel mitspielte – ich habe es hundertmal versucht! Aber er sagte dann nur eigensinnig: »Schimpf mich aus! Schlag mich, wenn's dir gut tut!« Und ich schrie: »Louis, es macht mir aber keinen Spaß!« Daraufhin wurde seine Stimme sanft und ein wenig ironisch: »Auch mir macht es keinen Spaß, dich zu schlagen, mein Junge. Du siehst, es ist nicht wie bei den anderen.« Im allgemeinen fügte ich nichts hinzu, denn er hatte recht: Diese Unbekannten, gegen die er ins Feld zog, wollten ihn tatsächlich schlagen, ihn unterdrücken. Sie wußten es selbst nicht, aber man konnte es ihren gehässigen Bemerkungen entnehmen: »Dieser Bettler«, »dieser Dahergelaufene« störte ihr gutes Gewissen und ihre Bequemlichkeit. Nach einigen Wochen kannte ich die Leute, die Louis akzeptierten, und ich hatte keine Mühe, sie zu meinen Freunden zu machen.

In dieser Zeit zivilisierte sich unser gemeinsames Leben. Wir hatten ein Haus mit einer Adresse: Box 2, dritter Stock, rechts. Ein Haus mit einem Dach – wenn es auch das schwammartig durchlöcherte Dach der Baracke war – und einem Fußbodenbelag in Form von einem siebzig Zentimeter breiten Strohsack, der uns zu zweit zur Verfügung stand. Sogar Vorhänge waren da: Wir hatten mit Hilfe eines Nagels eine Handvoll Lumpen befestigt, die man zurückschieben und öffnen mußte, um zu uns vorzudringen. Ich hatte von Natur aus eine Begabung, aus den kleinsten Stücken und den kleinsten Splittern eine neue Welt zu bilden, doch Louis' Fähigkeiten in dieser

Hinsicht übertrafen die meinen bei weitem. Denn ich mußte mich meiner Phantasie bedienen – mich ihrer mit Überlegung bedienen –, während Louis überhaupt keine Phantasie besaß. Er erinnerte sich einfach nicht mehr daran, daß es vor der letzten »Sintflut« eine Welt gegeben hatte. Alles begann bei ihm sofort neu, mit einem Nichts, einem Faden, einem abgegriffenen Eßgeschirr, einer Steckrübenschale, einem schäbigen Taschenmesser mit wackligem Griff.

Jenen Tag im Januar 1945, an dem wir den Block 56 verlassen mußten, werde ich nicht vergessen: einen stinkenden Block voller Brutalität, der genauso gefährlich war wie alle anderen, der aber seit zehn Monaten uns gehörte, an den wir uns doch so gut gewöhnt hatten! Der Zustrom von mehreren zehntausend Menschen, die vor den heranrückenden sowjetischen Truppen aus den polnischen Lagern vertrieben worden waren, zwang Buchenwald zu einem letzten Konzentrationsrausch, zu einem Zusammenpressen von zweitausend Menschen auf einen für dreihundert vorgesehenen Raum. Er wurde zum Block 55.

An diesem Tag verlor ich für einige Stunden den Boden unter den Füßen. Ich verlor meinen Mut, ja fast den Geschmack am Leben. Doch Louis hielt mich fest: »Bei Gott! Sie wissen gar nicht, was für ein schönes Nest wir uns machen werden!« Und er verstärkte noch seine Ermutigungen: »Ich sage dir, die werden ganz krank, wenn sie sehen, wie wir uns eingerichtet haben.« Er hatte eine eigensinnige, der über uns hinwegbrandenden sachlichen Gewißheit gegenüber unempfindliche Kraft, und am Abend sah ich unseren neuen Wohnsitz mit denselben Augen wie er: Er war groß.

Louis war niemals heiter, aber er war auch niemals traurig. Das ständige Schwanken zwischen Kummer und Zufriedenheit ist nur komplizierten, das heißt moralischen und historischen Naturen eigen, denen, die eine Geschichte haben. Louis hatte keine Geschichte.

Er hatte eine – sogar sehr schwere – Vergangenheit, doch er hatte sie, wie wenn er einen Buckel auf dem

Rücken gehabt hätte, so wie er sein Holzbein hatte – körperlich. Seine Erinnerungen waren organische Absonderungen, die man so schnell wie möglich entfernen mußte: durch den Zorn zum Beispiel oder einfach durch Fluchen.

Ohne daß er es wußte, hatte er mir die ausscheidende Funktion des Fluchens bewußt gemacht. Jeden Tag verbrachten wir zusammen ganze Minuten mit Fluchen: Selbst ohne einen Vorwand zu suchen, improvisierten wir gegenseitig einen Wechselgesang von Beleidigungen. Und da uns die französischen Flüche nicht reichten, obwohl es in unseren verschiedenen Landstrichen und in der Kasernensprache ihrer sehr viele gibt, nahmen wir unser dürftiges Repertoire deutscher Flüche und den unerschöpflichen Schatz russischer Beschimpfungen zu Hilfe. Louis hatte weder irgendeine Sprachbegabung noch das geringste Gedächtnis für abstrakte Begriffe, besaß aber in diesem Bereich eine große Wendigkeit im Begreifen. Sein physischer und moralischer Organismus wurde durch die Revue all jener unanständigen Wörter zufriedengestellt und auf eine wunderbare Weise gereinigt.

Ich selbst war jeglichen Anstands und aller störenden Höflichkeit jäh entbunden. Auch ich war zufrieden. Die Flüche ließen den angesammelten Berg von Haß einstürzen, die Geschwüre der kalten Wut aufbrechen. Sie zogen die Angst – diese in unserem Gehirn und unserem Fleisch verstreute Angst – in einen tönenden, assimilierten und ausstoßbaren Gegenstand zusammen.

Unsere erstaunlichen Unterhaltungen bestanden alle aus solchen »medizinischen« Reden. Sie nahmen einen heiligen Platz in unserem Buchenwalder Tageslauf ein. Sonst sprachen Louis und ich wenig.

Das Schweigen als Ausdrucksmittel war für mich, den geschwätzigen Studenten, ein großer Fund. Louis verstand nur das richtig, was ich nicht zu ihm sagte. Und so war der Zeitpunkt des Tages, wo er mich am besten zu kennen, meine Wünsche zu erraten schien, die Minute des Erwachens, als hätten wir uns endlich im Schlaf sprechen können.

Wir wechselten eine Menge Worte, die jedoch immer

unnötig waren, nur um uns zu beweisen, daß wir existierten. In der Gesellschaft der anderen lernte ich übrigens, daß kluge Worte und Schlußfolgerungen unpassend waren. In jener Zeit zogen viele ihre Schlußfolgerungen – vielleicht mehr als im gewöhnlichen Leben. Mit Hilfe ihrer Angst stellten sie alle möglichen knauserigen Rechnungen auf: Sie taten hier etwas dazu, zogen dort etwas ab, verglichen, widersprachen, wollten begreifen. Aber alle diese Rechnungen gaben ihnen weit weniger Kraft zu leben als Louis die Flüche. Aus dem Verzicht auf Intelligenz konnte ich viel lernen.

Ich lernte noch mehr, als Pawel zu uns stieß.

Auch ihm fehlte etwas: Es war der rechte Arm, der in Höhe der Schulter abgetrennt war. Und der reiche Bauer aus der Limagne, während des Sommers 1944 unser nächster Nachbar, konnte sich bei unserem Anblick nicht enthalten, sehr ernst zu sagen: »Aus dem, was jedem von euch fehlt, liebe Leute, könnte man einen Menschen machen!«

Pawel war Russe. Er war in einer Stadt nordwestlich von Moskau geboren worden, die ich ziemlich schlecht lokalisieren kann, deren Name mir jedoch wie der eines Dorfes in Frankreich in den Ohren klingt: Iwanowo-Wosnessensk. Er hatte seinen Arm in Tschistjakowo, einem ukrainischen Bergwerk verloren. Er wohnte dort, im Don-Tal, zur Zeit der deutschen Invasion. Seit seinem Unfall kontrollierte er irgendeinen elektrischen Apparat am Eingang der Mine.

Pawel hatte sich Mitte des Frühjahrs zu uns geflüchtet. Er war aus den russischen »Boxen« im Innern des Blocks 56 geflohen. Der Grund seiner Flucht – er platzt ohne Vorwarnung mitten in meinen Bericht, der, ob ich will oder nicht, sehr zivilisiert ist – mag widerwärtig erscheinen. Doch man muß sich vorstellen, daß er dort keineswegs widerwärtig, sondern fast natürlich war: Pawel floh die homosexuelle Belästigung, die in den russischen Quartieren alltäglich und – aus Gründen, die mir zum Teil unverständlich sind – in den französischen Unterkünften weit weniger aktiv war. Die Homosexualität war nicht seine Sache.

Eines Abends sahen Louis und ich einen kräftigen, slawisch sprechenden Burschen vor uns stehen. Doch an seiner Stimme fiel mir nicht nur auf, daß sie slawisch sprach – sie barg eine ganz fremde Welt, eine Welt voller Zärtlichkeit und Ruhe in sich, sie sang aus sich allein wie ein ganzer Chor.

Pawel war in unserer Etage aufgetaucht und hatte auf russisch um Erlaubnis gebeten, eintreten zu dürfen. Und Louis, der für gewöhnlich so gut Wache hielt und gegenüber Neuankömmlingen keine Nachsicht übte, hatte Pawel umarmt, ihn eingelassen und ehrerbietig behandelt. »Kennst du ihn?« hatte ich gefragt. Und er hatte geantwortet: »Ja.« Ich wußte, daß es nicht stimmte. Aber Louis war in seiner Gastfreundschaft ebenso eigensinnig wie bei Streitereien. Ich habe nie eine andere Erklärung erhalten.

Es war ein großes Ereignis, denn Louis führte zum erstenmal jemand in unsere Gemeinschaft ein. Im allgemeinen mochte er meine Freunde wohl, weil sie meine Freunde waren – er nahm sie an. Man verstehe dieses Wort in seinem gewöhnlichsten Sinn. In dem – sehr geringen – Maß, in dem derartige Aktionen in Buchenwald noch möglich waren, begleitete mich Louis zu ihnen oder öffnete ihnen, wenn sie mich besuchten, die Tür, forderte sie zum Platznehmen auf und ertrug sie freundlich bis zu vorgerückter Stunde. Doch mehr nicht. Keine Aufforderung, sein beziehungsweise unser Allerheiligstes zu betreten. Die Ausnahme, die er Pawel gegenüber machte, war einzigartig und unmittelbar.

Pawel war ebenso alt wie Louis. Er hatte noch Eltern, vor allem eine Mutter, von der er viel sprach, die er aber fast nie gesehen hatte, weil die Entfernung zwischen Ukraine und Moskau zu groß war. Darüber hinaus besaß er einen Beruf und eine sichtbare Würde. Sein Auftreten kontrastierte pittoresk mit Louis' geistigem Chaos. Doch – man vermutet richtig – nicht diese Reize waren es, die das »Holzbein« verführt hatten.

Zuerst einmal verstand er kein Wort von dem, was Pawel sagte, und das ließ ihn vor Befriedigung stottern. »Hörst du ihn?« sagte er, »hörst du ihn? Das dort ist schön!« Es war schön, in der Tat. Ich war für diese unpersönliche Musik, die in der Stimme unseres Russen abrollte, ebenso empfänglich wie Louis.

Unpersönlich, doch vor Leben schwirrend, wie die Stimmen so vieler Russen, im Namen eines Volkes, nicht in ihrem eigenen sprechend, von einer Vergangenheit erzählend, die der einzelne vielleicht vergessen hat, die ihnen aber heute noch täglich einen Auftrag erteilt.

Louis war offensichtlich bis ins Innerste verwirrt; manchmal wollte er sich erklären, Pawel alles sagen. Dann schüttelte er den linken Arm des Russen, diesen muskulösen Arm, der durch den Verlust des rechten so stark geworden war, und sagte: »Pawel.« Nur den Namen, lange Zeit immer wieder den Namen. Zuerst mit französischem Akzent, dann in einer komischen Nachahmung des russischen Tonfalls. Schließlich schwieg er, weil der Russe zeigte, daß er sehr gut verstanden hatte, und dies mit der ganzen, reichen Bewegung seiner Stimme in einer Art Wiegenlied, das halb zärtlich, halb männlich klang und das Louis in Traum und Lächeln versinken ließ, kundtat.

Mir gelang es sehr schnell, alle beide gleich gern zu haben. Ich lernte mit größtem Eifer russisch, in der Hoffnung, Pawel und das, was mir sein Geheimnis schien, besser kennenzulernen. Doch das größte Geheimnis war, daß Louis, der kein Wort Russisch lernte, Pawel ebenso gut verstand wie ich.

Und zwar so gut, daß er bald damit begann, mir mit dem größten Aufwand an Details ganze Episoden aus Pawels Leben zu erzählen. Eines Nachmittags, als ich nicht da war, hatte Pawel ihm berichtet, daß er in Tschistjakowo in einer Kaserne wohnte, daß er sein Zimmer im dritten Stock mit einem Kameraden aus dem Bergwerk teilte und daß die etwas größeren Zimmer der ersten Etage für die verheirateten Kollegen reserviert waren.

Ich fragte Pawel. Doch obwohl ich all meine linguistischen Waffen benutzte, erfuhr ich dieselben Einzelheiten und nicht mehr. Ich mußte mich vom Augenschein überzeugen lassen: Die beiden verstanden sich.

Sie sprachen miteinander eine Geheimsprache. Die Wörter – halb französisch, halb russisch – hatten nur eine schmückende Funktion: Sie nahmen in ihrer Konversation höchstens den Rang einer Geräuschkulisse im Film ein. Die Hauptunterhaltung bestand aus Gesten oder vielmehr vollständigen, gänzlich auf Mimik abgestellten Handlungen. Doch die Verständigung – das war offensichtlich – kam nicht aufgrund von Gesten zustande: Sie blitzte plötzlich in den Lücken des Gesprächs auf, trat dann ein, wenn keiner von beiden mehr eine Bewegung machte, wenn sich beide nur noch ansahen, sich ansahen in einem Jenseits, wo sich die Menschen notwendigerweise verstehen, vielleicht weil sie Menschen sind und diese Grundlage ihnen ein gemeinsames Universum schafft.

Ich gewöhnte mich selbst an diese Geheimsprache. Gemischt mit einigen Ansätzen aus der offiziellen Sprache war sie von einer köstlichen Wirksamkeit, so köstlich, wie es ein Getränk sein kann. Ich lernte, daß die Sprache durch den Verzicht auf Wörter, vor allem auf richtige Wörter, durch eine strenge Reduzierung auf das unumgänglich Notwendige einen seltsamen Reiz erhielt. In jenen langen Redepausen mit Pawel war ich nicht mehr traurig gereizt und enttäuscht wie dann, wenn ich ernsthaft sprach. Meine Absichten wurden nicht kleiner, kaum waren sie meinem Herzen entsprungen. Meine Neugierden wurden nicht mehr auf grobe Art befriedigt. Die Welt, in der Personalausweise, abstrakte Ideen und Grenzen bestimmend sind, war auf ihre wahre Natur – die Geschicklichkeit – zurückgeführt. Endlich gab es einen Raum zu lieben. Alle beide, den Russen und den Franzosen, zu lieben – weiter nichts. Doch jetzt ohne Vaterland, ohne Überlegung, nur vom Strom des Lebens bestimmt. Mir blieb ein freier Raum, sie zu sehen, oder besser – denn ich konnte mir von ihnen oft keine bildliche Vorstellung machen – ein freier Raum, um sie weiterzuführen, mein Dasein an dem ihren aufzuhängen und mit ihnen zusammen nur noch einen einzigen Stoff zu bilden.

Ich war mir dessen, was ich tat, nicht allzu gut bewußt.

Ich war mir dessen sicher weniger bewußt, als ich es jetzt zu sagen scheine. Doch das kommt daher, daß ich es heute mit jenen kläglichen Worten sage, um die mich meine so einfachen und so mächtigen Freunde so gut hatten bringen können.

Wie oft habe ich im Lauf dieses wortlosen Sommers vergessen, daß Louis nach dem Urteil der Welt – und nach meinem eigenen! – ein Schwachkopf war. Seine Überlegenheit im Bereich des Schweigens beschäftigte mich weit mehr.

Pawels Überlegenheit bestand in einer noch seltsameren Art des Schweigens, eines rhythmischen Schweigens. Mein Russe hatte einen Rhythmus für den Hunger, einen anderen für die Kameraden aus dem Bergwerk, einen anderen für die SS, einen anderen für Rußland und einen anderen für Marussja. Marussja, die kleine, zuhause gebliebene Freundin, das große ersehnte Mädchen, von ihm liebkost, an- und ausgezogen, brüskiert, angebetet, besungen.

Besungen nicht mit Liedern, sondern mit Musik, das heißt, mit einem ganzen Spiel von ungleichen und zwischen den Worten doch feststehenden Intervallen.

Durch Pawel machte ich die Feststellung, daß man, je weiter man durch Europa Richtung Westen fährt, desto mehr – im guten wie im schlechten Sinn – wieder »kopfwärts« steigt. Pawel und Rußland kamen von Herzen und drückten sich stoßweise, wellenartig aus. Und zwar derart, daß, wenn unser Russe zu singen begann – ich meine diesmal einen richtigen Gesang –, er nicht etwas Neues, etwas Erfundenes zu tun schien: Er zeigte sein Gesicht, das war alles.

Louis begleitete den Russen, auf einem Bein hüpfend. Als Franzose – ohne den Kopf – hatte er wenig Mittel. Er hatte nur seine Folgsamkeit, seinen verzweifelten Wunsch, jemandem nützlich zu sein, und all seine Träume, die unter der Oberfläche schwelten und die der große Russe geduldig anfachte.

Sie waren schön, alle beide, auf einander abgestimmt und doch ungleich. Man wundere sich daher nicht allzusehr und entrüste sich nicht, wenn ich sage, daß dieser

Sommer 1944 in Buchenwald, in dem durch die Landung der Alliierten auf uns allen die absolut unvorhersehbare Alternative von Leben oder Tod lastete, für mich zu einer Zeit glücklicher Überschwenglichkeit wurde. Pawel und Louis hatten mich von der Geschichte losgerissen und mich in etwas eintreten lassen, das in unserer Sprache keinen entsprechenden Ausdruck hat – vielleicht ins Leben.

»Leben« – der Ausdruck mag vielen schlecht gewählt scheinen: zu allgemein, zu verschwommen oder zu schwach, an die Stelle eines anderen Wortes gesetzt, das zu suchen ich mir nicht die Mühe gegeben habe. Oh nein! Meine Freunde hatten mich ins Leben eintreten lassen wie in ein Element – in die Erde oder das Feuer.

Stundenlang blieb ich in ihrer Nähe. Stundenlang ereignete sich nichts: Wir wechselten keine zehn Worte, die verständig oder verständlich gewesen wären. Vielleicht durchdrang uns dabei ein Strom von Emotionen, doch wir gaben kaum darauf acht. Unterdessen hatte etwas ganz deutlich zwischen uns stattgefunden.

Dieses Leben, das mir die Menschen und die Umstände streitig gemacht hatten, fühlte ich aufs neue in mir zusammenströmen, in meinem Körper und in meinem Geist, die beide eins waren. Es erneuerte sich Zelle für Zelle. An manchen Tagen schien es mir, als könnte ich seine Wellen in dem Moment, in dem sie mich berührten, zählen. Und dieses Leben war bei mir, bei Pawel und bei Louis das gleiche. Die Unterschiede zwischen uns spielten dabei keine Rolle: Wir wurden alle durch denselben Faden gezogen und miteinander verknüpft. Wir bewohnten dasselbe Haus. Doch dieses Haus bestand nicht aus Brettern oder Steinen, sondern ganz aus Kraft.

Daß Pawel und Louis nicht in der Lage waren, diese Kraft, dieses Leben zu schaffen, wußte ich gut. Ich verdankte sie nicht ihnen. Dennoch hätte ich beide nie entbehren können. Sie waren die Vermittler, sie ermöglichten mir erst auf wunderbare Weise den Zugang zum Leben.

Wie verschieden waren sie doch von mir! Sie spielten

nicht die Schwierigen, sie überlegten nicht, wenn das Leben auf sie zukam: Sie griffen nach ihm, tranken es, ließen sich auf ihm treiben. Hier sind alle Vergleiche recht, wenn sie nur die Einfachheit und die Ungezwungenheit ihrer Gesten ausdrücken können. Sie versuchten nicht, das Leben zu humanisieren, es zu spezifizieren. Sie verwandelten es nicht in seine Teile – in das Leben eines Advokaten, eines Offiziers, eines Proletariers oder eines Intellektuellen. Sie versuchten nichts von alldem, und darin unterschieden sie sich von fast allen anderen.

Das war es, was der Russe, aber auch der Franzose – der »arme Louis«, wie ihn so viele unserer Kameraden nannten – verstanden. War er arm? Sicher weit weniger als viele von ihnen.

Aber wie hätten sie es wissen sollen? Louis gehörte nicht nur zu den Ungeschickten, sondern auch zu den Menschen, die der Rede nicht mächtig waren. Und diese Sorte von Sprachlosen zieht Verachtung auf sich.

Wenn sich ein Franzose in seiner Sprache und in klarer Form unglücklicherweise an Louis wandte, folgte daraus sofort ein Mißverständnis. Louis hörte nicht zu, begriff nicht, aber antwortete. Eine tragische Verwechslung war die Folge: Er schien zu antworten, in Kenntnis der Sache Phrasen zu dreschen, schien redselig, streitsüchtig, schulmeisterlich, überheblich, verlogen und unbezwingbar, während er in Wirklichkeit von Angst gequält war und nichts sagte, versuchte, ja nichts zu sagen. Armer Louis, wenn Arm-Sein heißt – und das glaube ich –, die Folgen ignorieren, die gesprochene Wörter haben können.

Er schwatzte ganze Minuten und merkte es nicht einmal. Er verteidigte sich nur blindlings, wie ein »Besessener« – das war sein eigener Ausdruck. Wenn er sprach, ähnelte er einem großen Holzspielzeug, das man aufgezogen hatte: Man mußte die Feder ablaufen lassen.

Er war ein eigensinniger und furchtsamer Junge, stets bereit, sich als Sühne für die Sünden anderer anzubieten. Von seiner Güte hatte er selbst keine Ahnung. Er hätte sich mit einem angelegt, nur um ihm glaubhaft zu machen, daß er schlecht war. In Wirklichkeit aber war er gut: Er konnte nichts dafür. Er besaß sogar Barmherzigkeit. Wenn ich es ihm manchmal zu sagen versuchte, spielte er den Blöden, war verdrießlich und zog den Kopf zwischen die Schultern – er wollte es nicht zugeben. Zu oft hatte man ihm gesagt, er sei ein Gauner.

Schließlich flüchtete er in die Legende: Sie verlieh ihm zumindest etwas, das die anderen an seiner Person interessieren konnte. Er war nun einmal »ein kleiner Pechvogel«, ein Invalide, »ein Holzkopf«.

Je mehr Details man über Louis erfuhr, desto weniger kannte man ihn. Das konnte ich gut feststellen, als ich einmal dummerweise den Grund seiner Deportation wissen wollte.

Er kannte ihn nicht, oder besser, er hatte ihn gekannt, hatte sich dann aber schon nicht mehr darum gekümmert. Vielleicht trieb ihn auch eine Art ungeschickter und zielloser Schelmenhaftigkeit dazu, die Ereignisse durcheinanderzubringen, als ob er durch die Lüge hoffen könnte, die Fakten ungefährlich zu machen.

Wenn ich meine Hand auf Louis' Vergangenheit legte, störte ich die Maschinerie. Bestimmt knirschte dann Louis innerlich: Ich hörte förmlich, wie sich sein armer Kopf abmühte und unter großer Anstrengung tausenderlei Geschwätz erfand. Ich hörte ihn lügen, und das tat weder ihm noch mir gut.

Irgendwo gab es ein Mädchen, von dem er ein Kind hatte. So sagte er. Aber gleich darauf hatte dasselbe Mädchen gar kein Kind. Es war der gleiche, der das sagte. Buchenwald war das erste Mal, daß er nach Deutschland kam. Doch sofort danach war es das zweite Mal, denn das erste Mal war er in Siegen gewesen.

Erstaunt stellte ich Fragen über Siegen. Louis hatte jedoch etwas im Kopf, setzte voraus, daß ich dasselbe in meinem hätte, und gab sich nicht die Mühe zu antworten. Er kam mir zuvor. Er sagte heftig, es sei eine Schande, es ihm vorzuwerfen, er werde es ihnen schon zeigen. Und wenn ich sagte: »Dir Siegen vorwerfen?« erhielt ich ein entschieden zweideutiges »Bei Gott, nein« zur Antwort.

Schließlich konnte ich herausfinden, daß Louis gegen 1941 mittellos gewesen sein muß und sich als freiwilliger

Arbeiter nach Deutschland verpflichtete. Doch das war nur eine Annahme, die durch seine Rückkehr nach Angers, wo er 1943 unzweifelhaft von der Gestapo verhaftet worden war – Zeugen bestätigten es –, wiederum unsicher wurde. Vielleicht war Siegen Louis' erstes Deutschland, ein Land, auf das er sich gestürzt hatte wie auf die Befreiung. Wie sollte man es wissen? Und wozu war es gut?

Louis verbarg nichts. Fünfzehn Monate gemeinsamen Lebens verschafften mir darüber Gewißheit. Wenn er etwas verbarg, dann verbarg er es auch sich selbst. Ich für mein Teil akzeptierte seine Unklarheit. Manchmal betrachtete ich sie sogar mit Zärtlichkeit. Aber ich verstand gut, daß sie ihn fast allen anderen verdächtig machte.

Seine Unklarheit oder vielmehr sein unglückliches Schicksal – wie soll man das Zusammenleben zweier einander unbekannter Personen in ihm nennen? Ich sagte mir manchmal, daß das Phänomen ganz materieller Art sei: Eine Mischung von Elementen, mit der man hätte rechnen können, gab es nicht. Louis war technisch unfähig, sich mit den Ereignissen seines Lebens zu assoziieren. Diese – fast immer demütigenden und schmerzhaften – Ereignisse häuften sich außerhalb, vor seiner Tür, an. Sie bildeten dort einen großen Haufen von Unrat, der die Vorübergehenden aufbrachte. Er selbst bemerkte nichts davon.

Diese Einheit, dieses Vermengen, das wir alle mit uns und den Situationen, in die wir nach und nach geraten, vornehmen, brachte Louis ganz einfach nicht zustande. Was geschah, geschah einem anderen. Er kannte jenen anderen, doch nur recht vage: Er bedauerte ihn und machte lächerliche Anstrengungen, ihn zu verteidigen. Doch er stand dabei von vornherein auf verlorenem Posten.

Denn nach außen hin war Louis ein Dieb, ein Betrüger, ein Lügner, ein Dummkopf, ein Strolch, ein Taugenichts, einer, der sich freiwillig zur Arbeit nach Deutschland gemeldet hatte, und überdies ein verleumderischer und rachsüchtiger Krüppel: kurz, ein bösartiges Wrack. Doch drang man nach innen, fand man ein sanftes, zum Beschützer geborenes Wesen, einen mütterlichen Menschen, der es verstand, wortlos alle Leiden der anderen zu verkraften, zu verstehen und jederzeit entgegenzunehmen, einen guten und warmherzigen Mann.

Louis' Unwille gegenüber vor Gesundheit strotzenden, reichen und stolzen Leuten, den Vertretern der Gesellschaft, war grenzenlos. Genauso grenzenlos aber war seine Geduld mit Pawel, dessen Sprache er nicht verstand, mit den Kranken, den Sterbenden und den Irren; es war eine stille, vielleicht sogar hoffnungslose Geduld: eine Art, herbeizueilen, sich niederzubeugen, zufällige Worte des Trostes zu wiederholen, stundenlang immer wieder dieselben Bewegungen – Bewegungen des Fegens und Säuberns – zu machen. Es war die Geduld eines Menschen, der nichts mehr zu verlieren hatte, der sich niemals große Illusionen gemacht hatte, der nicht unbedingt gekommen war, um zu helfen, der aber, einmal da, geblieben war und solange blieb, als man ihn nicht, wie es die anderen taten, als »Taugenichts« behandelte.

Die Irren täuschten sich nicht in ihm: Sie wußten, daß alles, was vom »Holzbein« kam, gut war. Sie statteten uns regelmäßig Besuche ab.

Ich meine die wirklich Verrückten. Denn der Invalidenblock, unsere Bleibe, war von der SS zum Mülleimer des Lagers degradiert worden: Hierher warf man wahllos Einbeinige, Einarmige, Vollkrüppel – ich traf drei von ihnen –, Gelähmte, Schwache und die Irren. Für sie gab es am äußersten Ende des Blocks eine spezielle »Box«.

Die Irren hatten sich verabredet. Diejenigen von ihnen, die noch so viel Verstand besaßen, sich auf den Beinen zu halten, sich fortzubewegen und sich auszudrükken, strömten zu Louis. Und das Schauspiel, das all diese verlorenen Menschen, die sich mit Louis auf das geheimnisvollste unterhielten, boten, ein Schauspiel, das im gewöhnlichen Leben erschreckend oder unerträglich gewesen wäre, war plötzlich sanft und schön.

Louis geriet in Verzückung. Denn bei den Irren konnte er wirklich ohne die geringste Kritik all das sagen, was ihm durch den Kopf ging. Er konnte das tun, was er vergeblich in Gesellschaft vernünftiger Leute versuchte: ganz da sein, ganz stark sein, ohne daß es bekannt würde.

Er war da für Hans, den Kapellmeister, oder besser: den Leiter eines Gesangvereins aus Koblenz – seine musikalischen Fähigkeiten waren recht bescheiden –, der infolge einer gemeinen Handlung, die seine Kräfte überstieg (ich glaube, wegen eines Inzests), seinen inneren Frieden und damit den Verstand verloren hatte. Hans kam, und Louis hörte ihm zu, wie er mit berauschter Stimme all die Lieder sang, die er, der Kapellmeister, einst geträllert hatte, als er sein noch kleines Kind in seinen Armen wiegte, lang bevor es zu dem Unglück kam. Louis fand es sehr traurig, daß Hans seine eigene Tochter mißbraucht hatte. Aber im Gegensatz zu allen anderen fand er es nicht erstaunlich.

Auch Franz kam zu uns. Er war ein schmaler Mann mit hervorstehenden Knochen, aber sein Kopf und sein Gesicht waren so schön und natürlich, daß ihn meine Kameraden »den Jesus« nannten. Alle sagten, Franz habe einen übermenschlichen Ausdruck, einem Christus auf einer sehr alten Illumination ähnlich.

Dieser klagende »Christus« kam aus Schlesien. Er war lange, ungestörte Jahre hindurch Straßensänger gewesen. Doch eines Tages hörte ihn ein Nazi-Funktionär. Und an jenem Tag war in seinem Lied ein subversiver Satz vorgekommen: »Sag mir, mein Herz, wann kehren die glücklichen Zeiten zurück?...« Franz war jetzt in Buchenwald, und er kannte nur noch eine einzige Frage, die er halb sang, halb weinte: »Wann kehren die glücklichen Zeiten zurück?«

Ich kann sie nicht alle aufzählen – Mâchefer*, den Clochard von der Austerlitz-Brücke, oder Léon, den Epileptiker. Für uns anderen, die Lebendigen und die Glücklichen, hat dieses Defilee kaum einen Sinn. In Louis' Nähe, gesehen mit seinen Augen voller Nachsicht, war es wie eine andere Seite der Welt, wie ein erhörtes und angenommenes Leiden.

* Eisenfresser

Und ich frage: War es da noch wichtig, daß Louis ein Dieb und vielleicht auch ein Taugenichts war?

Im Lauf des zweiten Winters – des Winters 1945 – mangelte es der deutschen Armee an Blut. An einem Dezembermorgen brüllten die Lautsprecher der SS die Nachricht durch alle Blocks. Es war dieselbe schreckliche und tote Stimme, die die »Läuseschauen«, die »Appelle« und die Erhängungen ankündigte. Die Stimme sagte, die Häftlinge des KBU (Konzentrationslager Buchenwald) würden nach ihren Gefangenennummern in Gruppen aufgerufen, um ihr Blut freiwillig den Verwundeten zu spenden.

Mehrere Monate lang tönte alle zwei oder drei Tage vom Lautsprecher eine Liste mit Ziffern herab. Sofort verstummten alle, dann ging ein Murmeln von Box zu Box: die ins Russische, Polnische, Tschechische, Ungarische, Französische und Flämische übersetzten deutschen Nummern. Die Betroffenen begaben sich in das SS-Krankenrevier, um sich dort fünfhundert Gramm Blut – eine für sie ungeheure Menge – entnehmen zu lassen, und kamen dann eine Stunde später, von Kameraden gestützt oder halb getragen, zurück. »Wenn sie Wasser wollen«, sagte Louis friedlich, »brauchen sie nur zur Pfütze zu gehen.«

Damals, im Januar, ereignete sich einer der dunkelsten Vorfälle in meiner Freundschaft mit Louis. An jenem Tag war ich seit dem Morgengrauen vom Block abwesend gewesen. Bei meiner Rückkehr fand ich Louis bewegungslos auf dem Strohsack ausgestreckt, Kopf und Arme schlaff herabhängend, mit matter Zunge. Ich bekam Angst, denn Louis' Gesundheit, seine Stärke, die niemals gelitten hatte, kannte nicht die geringste Schwäche. Er war einer der wenigen, sehr wenigen Menschen, die das Lager heil gelassen hatte. Ich fragte die Kameraden. Mehrere von ihnen sagten mir gleichgültig, meine Nummer sei gegen Mittag aufgerufen worden, und Louis habe meine Abwesenheit benutzt, um meinen Platz einzunehmen. Ich kehrte zu Louis zurück und bedrängte ihn mit Fragen, aber er antwortete nicht.

Dieses Schweigen dauerte Stunden, ja Tage. Louis verhielt sich wie ein alter Sonderling, dem nur eins am Herzen liegt: seine Ruhe. Von Zeit zu Zeit schimpfte er über die Sucht der Leute, alles, immer alles wissen zu wollen.

Meine Ratlosigkeit wurde immer größer und bohrte in mir wie ein körperlicher Schmerz: Sollte ich mich bei Louis bedanken? »Er hat sein Blut an meiner Stelle gespendet«: Dieser Gedanke kehrte unaufhörlich zurück. Es war mir eine unerträgliche Vorstellung.

Sobald seine Kräfte wiederkehrten, begann Louis zwar ohne Heftigkeit, doch mit Ausdauer rundweg zu leugnen. Die anderen hätten gelogen. Es wäre nicht meine, sondern seine Nummer gewesen, die aufgerufen worden sei. Außerdem hätte man ihn nicht statt meiner genommen. Er verwünschte diejenigen, die mich getäuscht hatten. In meinem Kopf wurde es wirr. Die Zeugen von vor zwei Tagen schworen entweder, sie seien dabeigewesen, oder kommentierten: »Das hätte mich auch gewundert bei so einem Kerl!« Ich erhielt keinerlei Gewißheit und habe auch heute noch keine darüber.

Wie hätte man Louis' Herz durchschauen sollen? Es war zu dunkel. Mein Herz und mein Kopf reichten dazu nicht aus. Da stand ich vor dem Gefährten eines ganzen Jahres, vor diesem bleiernen Schweigen, wie ein Fremder. Ich hätte diesen Mann besser kennen müssen als alle anderen Menschen auf der Welt, und doch war ich unfähig, seine Absichten zu erraten, seine Handlungen zu interpretieren. Ich wußte nichts und würde zweifellos niemals etwas wissen. Ich war sehr mutlos, und Louis war ein Starrkopf.

Sicher war Louis zu einer solchen außergewöhnlichen und unerwarteten Aufopferung fähig. Vielleicht hatte er aber auch gar nichts getan – eine dürftige Ungewißheit, die schlecht, ja gar nicht den – tatsächlichen oder möglichen – Geschenken entsprach, die Louis mir gemacht hatte.

Ach Louis, warum konntest du dich weder verbergen noch dich offen sehen lassen!

Unsere Befreiung durch die amerikanische Armee am 11. April war sicherlich nicht das, was sich Außenstehende darunter vorstellen: Sie war kein Fest. Um ein Fest zu feiern, muß man ungeduldig sein: Wir waren nicht mehr ungeduldig. Fast alle hatten wir eine kalte Zone in uns selbst erreicht. Es war keine Hoffnungslosigkeit, es war auch keine Hoffnung, sondern eine Art sehr flacher innerer Ebene, wo alle Wege gleichartig, alle Lösungen gleichgültig waren. Es war die Folge der Erschöpfung und der Angst.

Trotzdem erinnere ich mich, wie der Geschmack am Leben wieder in uns aufglomm. Es begann zuerst im Körper: Hände und Beine hatten plötzlich das Verlangen, sich auszustrecken, zu greifen, zu drücken. Wie die Wärme des Blutes über den Frost siegt, stieg die Wärme in schnellen Wellen in uns auf. Und als unser Körper die Neuigkeit ganz begriffen hatte, sprang die Hoffnung, sichtbar wie eine Flamme, auf unsere Köpfe über. Manchmal verursachte sie uns sogar Schmerzen. Ich kenne Menschen, die daran gestorben sind.

In meiner Umgebung war Louis der einzige, der sich nicht erwärmte. Wohl bewegte er sich und redete weiter, wie man nach einigen Tagen sah. Doch offensichtlich freute er sich nicht. Er wurde vor allem immer häßlicher.

Gleich nach der Rückkehr wollte er sich ein Auto, einen 402, kaufen. »Das ist eine beschlossene Sache«, sagte er. Das Geld dazu werde er schon auftreiben. Er werde es da nehmen, wo welches sei. Mindestens ein Jahr lang könne man ihn eher totschlagen als ihn zum Arbeiten bringen. Er werde ihnen schon klarmachen, was es heiße, in Buchenwald gewesen zu sein, und werde in der Maine-und-Loire-Region davon erzählen. Er brüstete sich: Er besitze Grund und Boden, er sei der Liebhaber zweier Offiziersfrauen gewesen. Er habe im Journalismus – er meinte das Ausschreien des Lokalblatts – Umsatz gemacht. Er sei gut angeschrieben, er werde all diese »Kuhhäute« aus dem Feld schlagen. Er schwang Reden und stieß zu seiner Ehre Beleidigungen in den leeren Raum aus.

Das alles wäre noch nicht schlimm gewesen. Jeder von uns sagte in seinem Rahmen und seiner Sprache solch dummes Zeug. Doch Louis war dabei gereizt und wurde aggressiv. Viele Monate lang hatte ich ihn als einen sanften und unerschütterlichen Mann gekannt: Jetzt griff er die anderen an, brüskierte sie und versuchte linkisch, sie zu demütigen. Nach einer Woche gab es für mich keinen Zweifel mehr: Er rächte sich.

Je mehr er sich der Freiheit, Frankreich, der Arbeit näherte, desto feindseliger wurde er. Er wollte all die Köder nicht, die ihm die Gesellschaft hinstreckte. Er verlor die Beherrschung, schrie herum und schikanierte die anderen. Er verlor jene ganze verborgene Schönheit, die mich so stark an ihn gefesselt hatte.

Wohl verloren wir alle durch die Entspannung und die Erleichterung, welche die Befreiung bewirkte, sehr schnell unsere Schönheit, jenen Glanz des Martyriums, der uns an der Schwelle des Todes umhüllt hatte. Wir fanden rasch zu unseren Begierden, Unduldsamkeiten und Besessenheiten – dem Ungeziefer zivilisierter Menschen – zurück. Doch die meisten waren einfach nur lächerlich, Louis dagegen wollte häßlich sein.

Dann kam die erste Trennung: Ende April wurden wir in zwei verschiedenen Transporten in die Heimat gebracht. Ich sah Louis noch einmal in Paris, während er in der »Salpêtrière« einige vom Staat bezahlte Tage der Genesung verbrachte.

Ich traf einen Bistro-Redner, keinen Menschen. Im Grunde wußte er, daß er im normalen Leben nicht am richtigen Platz war – einem Leben, das nur für die anderen normal war. In Buchenwald hatte er zumindest seine Chancen, vor allem die, gleich behandelt zu werden. Ich traf einen Louis, der genauso ungeschickt war, wie ich ihn immer gekannt hatte, doch zugleich einen hämischen, verächtlich und übel redenden Menschen, dessen Angst – eine allgemeine, grundlose Angst – in all seinen Worten knisterte und aufflackerte. Ich konnte ihn nur einige Augenblicke allein sehen, in denen er dann tatsächlich nachgiebiger wurde. Er überließ sich seinem besseren Ich. Ich begriff, daß es in ihm zwei Personen gab. Unsere gemeinsame Geschichte mündete in diesem unangenehmen, verlogenen und mißlungenen Zusammentreffen: unserem letzten.

Louis fuhr in sein von ihm wenig ersehntes Anjou. Ich bringe es nicht übers Herz, das Folgende in allen Einzelheiten zu erzählen. Außerdem kenne ich diese selbst kaum.

Louis schrieb nicht. Das war nicht erstaunlich: Wenn er auch Buchstaben formen konnte, wußte er doch kaum, sie richtig zusammenzustellen. Dann, im Lauf des Sommers 1945, schrieb er plötzlich. Der Brief kam aus dem Gefängnis von Angers. Es war ein langer, kaum verständlicher Bericht über eine Bande von »Halunken«, die ihn hatten verhaften lassen. Er nannte Namen, von denen ich einige kannte, Namen von in Buchenwald gestorbenen Leuten; andere waren mir unbekannt oder unleserlich. Man hatte ihn denunziert. Er bat, ihm zu Hilfe zu kommen. Er erwähnte nicht einmal, weswegen man ihn denunziert hatte. Er sagte auch nicht, daß er unschuldig oder schuldig sei.

Ich schrieb sofort an die einzige Freundin, die ich von ihm kannte. Ich schrieb an seinen Rechtsanwalt. Ich sagte, ich wisse nichts und wolle Näheres erfahren. Ich sagte, wenn Louis eines Verbrechens fähig gewesen sei – und sei es noch so schwer –, hielte ich dieses Verbrechen schon bis auf den letzten Heller bezahlt, und zwar durch die Deportation und das außergewöhnliche menschliche Verhalten, das er gezeigt hatte.

Die Ereignisse liefen schneller als meine Briefe. Ich erfuhr, daß Louis zu lebenslänglicher Zwangsarbeit verurteilt worden sei. Er war angeklagt, Patrioten bei der Gestapo denunziert zu haben, bevor er selbst nach Buchenwald verschickt worden war. Alle Zeugenaussagen hatten ihn belastet. Allein meine schriftliche Aussage hatte ihn vor der Todesstrafe bewahrt.

Louis wurde ins Gefängnis von Saint-Martin-de-Ré verlegt. Ich versuchte, Informationen über ihn zu erlangen. Aber ich erhielt nie die geringste Antwort. Ich bin jetzt noch ohne Nachricht. Ein alter Bauer aus der Heimat meiner Mutter, der ebenfalls nach Buchenwald deportiert worden war und der – erstaunlicherweise – Louis mochte, teilte mir vor zwei Jahren mit, Louis sei gestorben. Er wußte aber nicht mehr, wie er es erfahren hatte.

Elf Jahre Beruf. Viertausend Stunden reden, vermutlich mehr. Das ist die seltsame Bilanz, die ich gezogen habe. Doch das ist auch mein Abenteuer.

Ein Abenteuer, weniger eine Arbeit. Denn ich bin Professor der Literaturwissenschaft, und meine Domäne sind nicht die Fakten. Meine Domäne sind die Kunstwerke, die großen Versammlungen von Worten, wenn man so will, die Feste der menschlichen Sprache.

Ein wunderbares, doch nicht genau abgegrenztes Reich: Wo beginnt es, und wo endet es? Wer soll es wissen? Es gleicht dem Wort, aus dem es entstanden ist: Es bewegt sich, erklärt, möchte sprechen, spricht und spricht nicht.

Mein Thema – sofern ich eines habe – ist das Leben. Das Leben des Herzens, des Verstandes, der menschlichen Reaktionen auf das Innere der Welt und mein eigenes Inneres. Doch dazu ist noch mehr zu sagen. Vielleicht ist es nur das – je nach dem ungeschickte oder grandiose – Streben der Menschen, das Universum in ihrer eigenen Sprache und nach ihrem Maßstab zu buchstabieren und sich darin wiederzuerkennen.

Nun, was hat es zu sagen? Ich habe viel geredet. Als Professor und Vortragender habe ich fast jeden Tag das Glück, jenes seltsame Instrument – das Wort – in Bewegung zu setzen und sich drehen zu lassen. Jenes Glück, das Werkzeug als das zu erkennen, was es ist: dürftig und wirkungsvoll zugleich. Und jenes andere Glück, mit den Jahren mir einen Freund geschaffen zu haben, oder besser gesagt, einen Meister: Seine Durchlaucht, das Publikum.

Diese viertausend Stunden Reden habe ich nicht für mich gehalten. Ich habe sie im Beisein von einigen Tausend Männern und Frauen vorgetragen. Ich habe auf meinem Instrument gespielt. Und wenn es mir bisweilen vergönnt war, mich selbst zu hören, zu wissen, was ich spielte, dann verdanke ich das all jenen Männern und

Frauen, die ich nicht kannte, die aber zusammen eine meiner engsten Beziehungen ausmachen: dem Publikum.

Mein Meister? Sogar einer meiner schwierigsten Meister, ein Meister, an dem ich hänge. Und da ich schon von Personen erzähle, die mich etwas gelehrt haben, muß ich ja wohl auch von dieser Person sprechen. Um so mehr – und das macht mich ärgerlich –, als die meisten von jenen, die mit ihm verkehren, ihm gegenüber vergeßlich und undankbar sind. Spricht man denn irgendwo vom Publikum außer in der Soziologie, und auch da nur, als sei es eine Sache, ein Gegenstand, den man messen kann? Es verdient als unser Partner besser behandelt zu werden.

Der erste Reflex eines Mannes, wenn er einer – wie immer gearteten – Frau begegnet, ist Liebe: weil sie eine Frau ist und er ein Mann. Dann kommen zweifellos erst das Urteil und die Ängste, die Gedanken, doch erst dann: Zuerst ist die Liebe da, und zwar ganz rein. Genauso ist es mit dem Redner und seinem Publikum. Und wenn der Redner nicht mit der Liebe beginnt, ist er undankbar und dumm.

Er ist undankbar, weil das Publikum niemals versäumt, ihn zu lieben. Es liebt den Redner instinktiv, das ist seine Funktion als Publikum. Es liebt ihn lahm, verängstigt, zerlumpt, elegant oder autoritär. Es übergibt ihm das Wort in einem großen Anflug von Empfindsamkeit. Seine Erwartung ist bereits Hingabe, ja fast Hoffnung. Wenn ich selbst einmal »Publikum« bin, kann ich dieser Bewegung enthusiastischer Unterwerfung oder leidenschaftlicher Neugier niemals widerstehen. Wenn der Redner dann zu sprechen beginnt, gebe ich ihm recht, bin ich ganz dazu bereit, ihn unkritischen Herzens, in einer zugleich verliebten und religiösen Weise, zu verherrlichen. Es kann sein, daß sich schon am Ende des ersten Satzes bei mir Langeweile oder Zorn einstellt, doch niemals ganz und gar. Ein Mensch, der hinter dem Tisch, dem Katheder oder auf dem Podium steht, bewahrt immer, auch wenn er es nicht verdient, etwas von seiner zeremoniellen Würde. Man sage nicht, daß ich eben persönlich ein »gutes Publikum« bin: Das Publikum ist an sich gut. Die einzige Ausnahme, die ich kenne, machen politische Versammlungen. Sie ähneln oft tatsächlich mehr Hahnenkämpfen als Redeversammlungen.

Derjenige, der redet, ohne zu lieben, ist gleichfalls dumm. Die Liebe ist nämlich die einzige Waffe, die seinem Talent beziehungsweise seinem Wissen die Chance gibt, sich zu erkennen zu geben. Auch wenn er der klügste Mann wäre – ein Redner ohne Liebe schlägt sein Publikum in die Flucht. Man wird ihm – aus Höflichkeit oder sogar aus Interesse – zuhören, aber mit jener unabänderlichen Geistesabwesenheit, die man so gut auf den Gesichtern von Personen lesen kann, die fernsehen.

Die Liebe, von der ich spreche, ist nicht – gänzlich – uninteressiert, doch sie ist ruhig. Sie zeigt sich hier in einer ihrer vollkommensten Arten, deren die Menschen fähig sind, weil sie sich nicht an eine einzelne Person wendet. Sie umfängt das Publikum in seiner Gesamtheit, ohne alle Gunstbezeigungen und ohne Zwistigkeiten. Da sitzen fünfhundert Personen vor mir. Welch erstaunliche Veränderung, welch wundervoller Unterschied – eine Befreiung von den üblichen Gesetzen des sozialen Lebens: Ich werde zu ihnen sprechen, und ich kenne sie nicht. Ich kann sie in Ruhe lieben.

Das Publikum – jedes Publikum – ist ein vollständiger physischer und moralischer Organismus. Er hat seine spezifische Wärme. »Die Temperatur im Saal messen« ist daher auch kein poetischer Ausspruch, sondern der Ausdruck eines Fachmanns. Das Publikum hat seinen eigenen Energiekreislauf.

Es ist sehr wichtig, daß man sich nicht mit dem Gedanken begnügt – so befriedigend er auch sein mag –, daß ein solcher Kreislauf existiert: Der Redner muß ihn erfassen, das heißt, ihm folgen. Das ist wie ein vollständiges Schauspiel: Ströme von Aufmerksamkeit, Zerstreuung, Erregung oder Ermüdung, von Traum- und Phantasiebildern, von Hirngespinsten, von Erkenntnis sind in ständiger Bewegung. Ich wiederhole noch einmal: Der Redner muß ihnen folgen wie ein Arzt beim Abhorchen. Er muß sie abfühlen. Er hat das Recht dazu, weil das Publikum es verlangt. Vor allem darf er nichts fürchten, keine Angst vor diesem äußerst raschen Eingriff haben: Er wird schwerlich seinen Gedanken, jenen kostbaren Gedanken durchkreuzen, den er vermitteln will. Im Gegenteil, er lenkt ihn.

Man muß hier allerdings – als einzige Vorsichtsmaßnahme – eine gewisse Gleichgültigkeit an den Tag legen. Jene Art Liebe, die der Redner seinem Publikum entgegenbringt – vergessen wir es nicht –, ist unpersönlich. Sie muß es auch bleiben. Außerhalb der Politik, die mit den »körperlichsten« Elementen der Sprache arbeitet, scheint mir »die Kunst, zu überreden«, eine suspekte Kunst zu sein. Viel wichtiger ist die Kunst, gegenwärtig zu sein. Und um gegenwärtig zu sein, kenne ich nur ein Mittel. Dieses Mittel ist geradezu ein Gesetz: Man muß die anderen akzeptieren.

Das Publikum akzeptieren und es lieben – das sind die zwei Arten, dieselbe Notwendigkeit anzuerkennen. Wie viele ausgepfiffene Professoren, wie viele Redner vor leeren Bänken verdanken ihr Mißgeschick ihrer Respektlosigkeit, Ungehörigkeit und Ablehnung! Sie mögen ihr Publikum nicht und stehen nur deshalb vor ihm, weil es ihre Pflicht ist. Sie senken die Augen, wenden den Kopf ab und suchen Zuflucht bei den Blättern, die sie geschwärzt haben. In Wirklichkeit sind sie für niemanden da, nicht einmal für sich selbst. Sie träumen davon, anderswo zu sein. Sie lieben nicht. Vielleicht sind sie nur einfach schüchtern. Doch wer wüßte nicht, daß ein geradliniger Weg von der Schüchternheit zum Hochmut und vom Hochmut zur Ablehnung der anderen führt? Sie empfinden keine Liebe, sie sind zu dieser Art von Liebe gar nicht fähig.

Reden ist eine feierliche Handlung. Und da mir das Wort auf den Nägeln brennt, schreibe ich es nieder – es ist ein heiliger Akt.

Man denke daran, wie selten es ist, daß sich ein Mensch Auge in Auge mit anderen Menschen findet. Gewöhnlich versteckt er sich hinter seinen Rechnungsbüchern, seinen Ehe- oder Familiengewohnheiten, hinter gefüllten Gläsern oder Höflichkeiten. Hier, vor jenen anderen Menschen, die versammelt sind, um ihn zu hören, ist der Mensch, der redet, nackt, er ist der, der er ist. Wenn er es weiß, gibt es keine Schranken mehr: Die Begegnung – jene großartige menschliche Begegnung, von der so viele Moralisten sprechen – findet statt. Weiß er es nicht, steht es schlimm: Er begeht eine Art Diebstahl. Er begeht eine Entweihung.

Nein, nicht die *Worte* halte ich für heilig. Sie sind armselig, unzulänglich, zur gleichen Zeit und in einer Dimension, die jeder Messung trotzt, sowohl falsch als auch wahr. Die *Rede* ist heilig, jener Akt, Worte in Gegenwart und zugunsten anderer auszusprechen und zusammenzustellen.

Der Redner steigt aufs Katheder oder aufs Podium – natürlich ganz eine Geste gesellschaftlicher Konvention: Die Gesellschaft billigt ihm für einige Minuten eine beherrschende Stellung zu. Und da beginnt die Trennung zwischen aufrichtigen und unaufrichtigen Rednern.

Der unaufrichtige Redner – und ich lege Wert auf die Feststellung, daß auch der beste Momente der Unwahrhaftigkeit kennt – denkt an sich: an seine Verdienste, seine Kenntnisse, sein einnehmendes Wesen. Er wird all den Leuten dort vor ihm zeigen, was ein Gelehrter, ein Verführer, ein ehrenwerter Mann ist. Vielleicht hat er Lampenfieber, doch er wird es besiegen und sich ganz dem Publikum aufdrängen. Eine ganze, lange Stunde hindurch wird er seine Geschichte, seine kleine Geschichte erzählen. Zweifellos wird sie kein Mensch wahrnehmen, weil das offizielle Thema an diesem Tag anorganische Chemie oder Verhaltenspsychologie heißt. Dennoch wird er nur von sich gesprochen haben, von dem, was er weiß, von der besonderen Weise, in der er die Welt sieht, von seinen Interessen und seinen Vorlieben. Und in der Tiefe des Publikums wird Beklemmung entstehen, das fast körperliche Gefühl, daß etwas fehlt, etwas nicht gegeben worden ist.

Das, was hier fehlt, ist gerade die Rede, die aktive Rede. Der wahre Redner weiß, daß die Worte, die er sagt, nicht viel zählen, und daß seine Person – so vorbildlich sie sein mag – nicht viel mehr zählt. Die ganze Arbeit besteht für ihn darin, die Worte aus seinem eigenen Innern entspringen zu lassen.

Einfach gesagt: Die Worte gehören nicht uns. Nicht ich bin es, der spricht, der die Worte schafft. Sie sind um mich herum wie ein lebendiges Volk. Ob man dieses Volk nun das »kollektive Unbewußte« oder »die primitive Stimme« nennt, ist hier unwichtig. Tatsache ist, daß die Worte vor mir da sind, außerhalb von mir und in mir, in einem Raum, der nicht körperlich, doch unmittelbar greifbar ist. Meine Sache sind also nicht die Worte selbst, sondern ihre Lenkung, ihre Richtung. Ich muß sie greifen oder vielmehr ihnen den Weg freimachen und sie vor allem bis unter den Blick der vor mir versammelten Menschen führen. All jenen Leuten muß ich zeigen, daß alle Worte, die ich spreche und die sie vernehmen, weder ihnen noch mir gehören, sondern leben. So wird die Rede zu einer Beteiligung am Leben.

Doch die Worte, werden einige sagen, sind zur Mitteilung einer klaren Idee da, zur Übermittlung eines Tatbestandes. Leider ja! Genau so versteht man sie allzu oft. Muß ich es wiederholen? Nicht der Redner macht die »klaren« Worte. Von Bedeutung ist die Atmosphäre der Klarheit, die er bewußt in sich selbst, während er spricht, herstellen kann. Durch den erhellten Raum also, durch die klare Leere, die er aufrechtzuerhalten sucht, kommen die klaren Gedanken.

Nicht der Text eines Vortrags oder einer Vorlesung bestimmt in Wirklichkeit die ganze Rede. Wesentlich ist die Art und Weise, auf die er ausgedrückt wird. Wesentlich sind die inneren Räume, die er durchquert, bevor er das Publikum erreicht.

Wann werden Vortragende, Prediger und Professoren endlich gewahr, daß Reden und Schreiben zwar zwei ehrenwerte, doch verschiedene Handlungen sind? Die meisten treten mit einem Schriftstück in der Hand auf, gewissenhaft darauf bedacht, von keinem Komma abzurücken, den Text bis zum letzten Wort haargenau wiederzugeben, blind und taub gegenüber dem Wesen vor ihnen, dem

Publikum, ohne das sie – zumindest im Augenblick – keinerlei Daseinsberechtigung hätten. Es könnte sein, daß das Schriftstück gut ist. Doch dann sollte man es zu lesen geben, und zwar so, wie es sich empfiehlt zu lesen: in der Konzentration und Zurückgezogenheit!

Sehr gut! Aber die Wissenschaft, die Unerbittlichkeit der Fakten! Wer sich den Zufälligkeiten der Improvisation aussetzt, gerät leicht in Verwirrung, ja gleitet ins Geschwätz ab. Er macht aus der öffentlichen Rede eine Art Spiel, eine Art Zirkus. Ich gebe zu, daß das eine wirkliche Gefahr, eine große Gefahr, sogar eine Versuchung ist. Aber ich habe ja auch nicht behauptet, daß Reden leicht sei.

Ich sagte nur – und ich wiederhole es –, daß es keine Einzelaktion sein darf, daß es stattfindet in Gemeinschaft mit einem anderen, dem Publikum, in einer Wechselbeziehung zwischen dem, der spricht, und denen, die zuhören, selbst wenn diese schlechte Zuhörer sind. Ich glaube weder, daß eine solche ernsthafte Improvisation eine Geisteshaltung, noch daß sie eine Stildefinition ist, ich glaube, sie ist ein Gesetz. Und ich erinnere mich mit Kummer, fast sogar mit Schrecken an jene Folge toter Stunden, in denen Professoren, die gelehrt und fleißig waren, mir nichts gesagt, nichts gegeben, nichts hinterlassen haben, weil sie gar nicht mehr wußten, daß ich da war, weil sie alles andere als ihre Schüler in ihrem Kopf hatten.

Wenn umgekehrt unsere wahren Professoren zu uns sprachen und uns ihre Liebe entgegenbrachten, blieb jede ihrer Ideen, mochte sie noch so kurz gefaßt sein, auf immer in uns haften. Sie wußten, was Reden war, und sie verdienen, hier genannt zu werden: René Émeriau, Pierre Favreau, Ferdinand Alquié, Jean Guéhenno. Man möge mir diese persönliche Huldigung im Rahmen eines so allgemeinen Textes verzeihen; ich habe sie jenen Männern dargebracht, weil sie mich so vieles gelehrt haben.

Sie improvisierten, dennoch schwatzten sie nicht. Sie besaßen ihr Wissen, doch sie besaßen es vor ihrer Begegnung mit uns. Sie hatten es nicht mehr nötig, es vor uns zu prüfen und es zu bestätigen. Sie sahen uns an und hörten unsere Antworten – die stummen wie die anderen.

Sie redeten im wahren Sinn des Wortes, und das verlieh ihnen eine Schönheit, der nur wenige von uns widerstehen konnten.

Der schlechte Redner glaubt immer – und das ist einer der Gründe, warum er schlecht ist –, daß man ihn versteht oder ihm zumindest zuhört. Der gute Redner hat diese Illusion nicht.

Seien wir doch ein wenig ehrlich! Das Publikum hört nicht zu: Es wartet. Es wartet, daß man etwas mit ihm und vor allem zu seinen Gunsten macht. Und wenn es jemandem zuhört, dann sich selbst.

Wir alle lieben unsere eigene, innere Musik mehr als jede andere. Da drüben, auf der anderen Seite des Tisches, sitzt jener schwatzhafte Mensch, der dauernd das Wort ergreift und meinen inneren Gesang verwirren will. (Wie oft habe ich nicht, als ich selbst sprach, deutlich diesen Tadel vernommen!) Aber er verletzt mich nicht.

Er kann mich nicht verletzen, weil all die Stunden, wo die Stimme eines anderen meinen eigenen Schlaf stören will, noch zu lebendig und nachdrücklich in meinem Gedächtnis sind. Ein anderer spricht, aber ich lasse es nicht zu. Ich habe selbst etwas zu sagen, und zwar immer das gleiche. Ich habe das zu wiederholen, was ich bereits auswendig weiß: meine persönliche Sicht der Dinge, die so bedeutend und so viel richtiger ist als die des Redners. Ich habe meine schon vollkommen fertigen Erwiderungen, meine Einwände, meine inneren Bilder, meine Gewohnheiten. Der Redner wird sie nicht überwinden. Natürlich spreche ich diese Herausforderung nie oder fast nie aus. Sie findet irgendwo in der undeutlichen Substanz meiner Persönlichkeit statt. Jedenfalls findet sie statt.

In diesem Klima, in dieser Atmosphäre des gemäßigtweichen Widerstands, in diesem egozentrischen »Stimmengewirr« spielen sich die Reden, Vorträge und die meisten Kurse von der Sexta bis zur Universität ab. Gewiß, wir sind gegen die Rede der anderen gut geschützt!

Nun, es gibt den Schlaf des Publikums. Doch es gibt,

vor allem, den Schlaf des Redners. Über diesen wird – welch seltsame Zurückhaltung – nie oder fast nie etwas gesagt. Eine schwere Unterlassungssünde!

Mag dieser Gedanke auch etwas demütigend für die menschliche Intelligenz sein: aber es ist einem Menschen durchaus möglich, eine ganze Stunde über die erhabensten und schwierigsten Themen gelehrt und gewissenhaft zu sprechen und während dieser ganzen Zeit zu schlafen.

Der Redner schläft, der Professor schläft. Er weiß nicht, wo er ist. Er glaubt sich allein. Kurz, er befindet sich in der lächerlichen Situation eines Liebhabers, der mit geschlossenen oder ins Unbestimmte gerichteten Augen davon träumt, die Geliebte in seine Arme zu nehmen, während sie gegenwärtig ist, wartet und lächelt.

Viele Menschen, die reden, sind außerordentlich hartnäckig darin, sich nur an sich selbst zu wenden. Es ist so, als könnten sie nicht davon loskommen, als genüge ihnen das Publikum nicht. Daher kommt auch das »Lampenfieber«.

Das »Lampenfieber« ist keine Berufskrankheit. Es ist überhaupt keine Krankheit: Es ist ein moralischer Fehler, ein Mangel an gesundem Menschenverstand.

Ich merke wohl, daß ich mich dafür, daß ich das so geradeheraus sage, entschuldigen müßte. Doch ich selbst habe schon »Lampenfieber« gehabt und weiß zu genau, daß allein ich daran schuld war.

Ich wollte ganz einfach nicht aus meinem Bau heraus. Das Publikum saß schon wenige Meter entfernt von mir und rief mich. Ich weigerte mich zu kommen. Ich weigerte mich sogar, es zu sehen. Ich wandte mich meinen Ideen, meinen Gedanken, all dem Gepäck von Kenntnissen und Absichten zu, die ich zur Vorlesung mitgebracht hatte. Ich sah die Teile meiner Rede durch. Ich prüfte im Kopf die Einzelheiten. Ich zählte mir im voraus die verschiedenen – jetzt noch so großen und plötzlich ganz kleinen – Vorzüge dessen, was ich sagen wollte, auf. Kurz, ich betrachtete mich, mich ganz allein. Ich war der Mittelpunkt der Welt.

Lampenfieber ist Koketterie, Egoismus, Hochmut, Machttrieb, die – wenn auch unbewußte – Weigerung, den »anderen« zu berücksichtigen. Momentanes, doch wie bei einer Synkope totales Vergessen jener besonderen Sache, die zu tun man da ist. Das Vergessen, daß die Funktion dessen, der spricht, nicht die ist, sich »sehen zu lassen«, sondern zu reden, und daß die Rede nicht ihm gehört.

In diesem Augenblick ist, wie mich die Erfahrung gelehrt hat, ein Akt des Vertrauens oder besser, der Hingabe nötig. Nicht der Hingabe an das Publikum – es kann mit einer solchen Passivität nichts anfangen –, sondern der Hingabe an die Rede. Das ist der richtige Zeitpunkt, um sie kommen zu lassen und – es tut mir leid für die Plattheit des Bildes – sie durch sich hindurchfließen zu lassen. Denn – ich sage es noch einmal – die Rede existiert. Nicht ich schaffe sie, wenn ich rede. Sie ist vollkommen gerüstet, mir ihre Worte und ihre Rhythmen zu geben. Es genügt, daß ich mich ihr nicht widersetze. Ich muß natürlich bereit sein, sie aufzunehmen. Ich muß zum Beispiel mit meinem Stoff gut vertraut sein, mich oft und genau mit ihm beschäftigt haben. Doch diese Arbeit habe ich getan, bevor ich gekommen bin; jetzt ist es dafür ohnehin zu spät.

Jetzt ist das Publikum da, und es will sofort den Beweis unserer Liebe haben.

Ein wunderbares Rezept ist dabei: an nichts mehr zu denken. Da aber die Aufhebung des Denkvorgangs fast unmöglich ist, sollen wir an das Publikum denken, zu ihm gehen. Ich möchte es geradezu physisch tun: jemanden anschauen heißt ja schon, ihn berühren. Berühren wir es sanft. Je langsamer die Geste ist, desto wirksamer ist sie. Führen wir es in unser Inneres. Dorthin, wo der Vortrag oder die Vorlesung stattfinden muß.

Der Ausdruck erscheint Ihnen zweideutig? Nun, jedesmal, wenn wir von etwas anderem als von dichten – den dichtesten – Formen, von der eigentlichen Realität sprechen, sind Ausdrücke zweideutig. »In mein Inneres« soll nicht heißen, daß ich beabsichtige das Publikum zu absorbieren, es mit mir zu verschmelzen, noch überhaupt, mich irgendeinem absurden Hypnotisierungsversuch hinzugeben. Es heißt einfach, daß ich es immer vor mir sehe, daß ich es, solange ich spreche, dort weiß, daß mir nichts mehr begegnen wird, was nicht auch ihm gleichermaßen begegnet. Schließlich heißt es, daß ich meine Gedanken nicht mehr als die meinen betrachte und für besonders verdienstvoll halte, sondern als das, was sie sind: als Allgemeingut.

Nun habe ich so viele Worte gemacht, um diesen Akt zu beschreiben – um zu versuchen, ihn zu beschreiben –, einen Akt, der doch so vollkommen einfach ist. Zumindest ist er möglich, ich selbst kann es voll Freude bezeugen.

Wenn man mich fragte, aus was die Rede bestehe, würde ich vermutlich antworten: aus Schweigen. Die Rede ist das bevorzugte Mittel, das die Menschen besitzen, um das Schweigen hörbar zu machen.

Das Publikum hört denen, die niemals eine Pause machen, nicht zu, es hört sie überhaupt nicht mehr. Um gut zu reden, muß man also lernen zu schweigen, und das ist eine harte Schule. Die Versuchung ist groß, das Wort zu behalten, sobald man es ergriffen hat, sich seiner zu versichern, indem man Wort an Wort reiht. Wenn man mitten in einem Vortrag plötzlich zwei, drei, fünf Sekunden einhalten muß, bedeutet das sofort den Tod der Persönlichkeit. Der unglückliche Redner hört sich nicht mehr reden: Es ist seine erste Chance, sich so zu sehen, wie er ist – eine stets grausame Erfahrung.

So schlimm sie für ihn ist, er muß sie machen. Und das beste ist es, er macht sie mit sanftem, das heißt aufmerksamem Humor. Denn in dieser Sekunde des Schweigens – daran ist nicht zu zweifeln – findet die Begegnung mit dem Publikum statt. Gerade in diesem Loch, in dieser kurzen Zeitspanne entsteht die Rede.

Ich gehe sogar so weit zu sagen, daß der Redner im Augenblick dieses leichten Schocks, dieses Intervalls – mag es noch so klein sein – all das sagt, was er zu sagen hat. Natürlich wird er sich deutlich machen müssen, wird entfalten und entwickeln müssen. Diese zwei Wörter geben genau das wieder, was geschieht: Er entfaltet, entwickelt, manipuliert einen Stoff, der vor seinem ersten

Wort schon gänzlich gegeben war. Und das Publikum weiß das gut und benötigt diese Pausen des Schweigens.

Das Wort »Schweigen« paßt sicher nicht ganz; ich würde es gern ändern. Es hat etwas Negatives an sich, das nicht der vom Redner und vom Publikum erlebten Realität entspricht. Denn in dieser Unterbrechung, diesem Intervall liegt ein Ton, eine Schwingung, deren Fülle mit der Armut der Worte, die darauf folgen, überhaupt nicht verglichen werden kann.

Ich halte plötzlich inne und gebe meinem Publikum zwar nicht die Melodie – dazu ist noch nicht die Zeit –, doch den Grundton. Ich lege meinen unformulierten Gedanken, und vor allem meinen Seelen- – oder, wenn Sie wollen – Geisteszustand, in den dieser Gedanke mich versetzt, vor dem Publikum nieder. Oder besser noch: Ich verzichte ein oder zwei Sekunden lang darauf, eine Absicht, ein Projekt, ein Thema zu haben. Ich habe nichts mehr. Ich bin da. Welch unmittelbare Wirkung, welch ein Verjüngungsbad! Wenn ich ermüdet war, bin ich es jetzt nicht mehr. Wenn ich den Zusammenhang meiner Vorlesung nur noch undeutlich sah, liegt er jetzt im vollen Licht vor mir. Wenn sich mein Publikum gelangweilt hat, langweilt es sich jetzt nicht mehr.

Und das ist ganz natürlich, denn ich habe, bewußt oder nicht, die Quelle hervorsprudeln lassen. Diese Bedeutung der Dinge, bevor sie ausgesprochen sind, ist das gemeinsame Gut dessen, der spricht, und derer, die zuhören. An diesem Punkt, und an keinem anderen, können sie sich begegnen.

Mir kommt dazu ein Vergleich ins Gedächtnis. Er mag unbescheiden erscheinen, doch will ich ihn trotzdem anführen, da er sehr klar ist.

Ich hörte kürzlich im Fernsehen ein Konzert, das von den »Vereinten Nationen« in New York übertragen wurde. Ich befand mich gerade in einem Zustand des Gebets, denn der Mann, der spielte, war Musiker, war Musik: Pablo Casals. Casals spielte eine Sonate von Bach. Ich lauschte den Tönen: Wie hätte ich es nicht tun können? Sie schienen die ersten zu sein, die ich in meinem Leben hörte. Doch plötzlich überraschte ich mich bei einer anderen Sache, die mich noch viel leidenschaftlicher beschäftigte: Ich lauschte den Pausen. Sie enthielten deutlich die ganze Musik.

Ich glaube, daß die Sprache heute krank ist. Ich glaube es ganz sicher. Manchmal bin ich mir nicht einmal mehr sicher, ob ihr Sterben vermieden werden kann.

Einst konnte die Sprache der Menschen grausam oder ungeschickt, bisweilen monströs sein, aber sie war immer lebendig: Es gab immer jemand, der sie sprach, der sie in einem bestimmten Augenblick, an einem bestimmten Punkt des Raums an sich selbst oder an andere richtete. Heute kommt es immer häufiger vor, daß die Sprache nicht gesprochen wird, sondern daß sie entwurzelt, in Stücke geschnitten, in Millionen von Exemplaren reproduziert, ohne Publikum und ohne Echo lose über die ganze Welt verstreut wird. Dieser Gedanke allein macht mir Angst.

Ich denke an all die Radio- und Fernsehapparate, die während ganzer Stunden im Herzen der Häuser in Aktion sind, Wörter ausspucken, den Raum zerreißen, ohne daß jemand da wäre, sie zu hören. Ganz zu schweigen von den Zeiten, wo jemand sich im Wohnzimmer aufhält, das Radio angeschaltet ist, eine Stimme durch den Kasten spricht, und trotzdem niemand zuhört.

So ist es nun einmal. In diesem Punkt finde ich die Gleichgültigkeit meiner Zeitgenossen – und oft sogar derjenigen, die als intelligent gelten und die ich für intelligent halte – und ihren moralischen Schlaf erschreckend. Es ist wie eine unheilbare Leichtfertigkeit. Sie sagen, daß all das gar nicht wichtig sei, daß das rein mechanische Phänomene seien wie Verlagerungen von Staub, eines alles durchdringenden Staubes, das sei alles, daß all diese übertriebenen und bis zum Rausch herausgestammelten Reden, die durchs Radio, vom Tonband oder von der Schallplatte verkündet werden, nur in einer gewissermaßen virtuellen Weise bestehen. Doch ich teile ihre Zuversicht nicht.

Jeden Morgen, wenn ich aufwache, finde ich die Welt wie ein immer dichter werdendes Gewebe von Schwingungen vor. Wenn ich in der Stadt bin, wie zum Beispiel letzte Woche in New York, verlassen mich dieses Pulsen, die ungezählten Wellenstöße, all diese Stimmen, die in der Erdatmosphäre zusammenprallen, selbst bei Nacht nicht: Sie verfolgen mich in meinen Träumen, sie verändern meinen Schlaf, wühlen ihn auf, peitschen ihn auf, ja saugen ihn an sich. Gerade die Sprache, die Objekt ist, das heißt tot ist, kreist immerzu, wie sehr ich mich auch wehre, vor meinem Auge: Sie ist überall und stößt mich an. Sie weiß nicht mehr, was sie sagt, und ich selbst weiß es immer weniger.

Eines Tages wird das Universum ein riesiger Schlauch von Tönen sein, und es wird keine Münder mehr geben, die diese Töne aussprechen, noch Ohren, die sie vernehmen.

Ich weiß wohl, daß Prophezeiungen dieser Art lächerlich sind. Und ich weiß auch, daß ich kein Prophet bin. Ich tue nichts anderes, als eine Furcht ausdrücken, eine Unruhe, die in jedem Augenblick vorhanden ist und die meiner Rede plötzlich einen sehr hohen Wert verleiht.

Sollte ich mich täuschen? Wie sehr wünschte ich das! Ich wünschte, daß die Menschen das »Wort« nicht verlieren, da es die Grammatik der Welt, ihr Zusammenhalt, ihre treue Wiedergabe ist. Wäre das »Wort« einmal seiner Quelle beraubt, zerstückelt, in Staub aufgelöst, würde es nicht einmal mehr Leute geben, die es bemerkten. Die Welt würde in der Umschmelzung verschwinden.

Inzwischen wollen wir reden, so gut wir es können, mit vollem Bewußtsein und ins Angesicht: ich meine, ins Angesicht anderer Menschen.

He, Lusseyran! Bleib stehen! Sei still! Hör zu, hör gut zu!

Saint-Jean's Hand, so mager, daß sie einem Messer ähnelte, so leidenschaftlich, daß ihre Knochen wie Nerven vibrierten, hatte meinen Arm gepackt. Seine Stimme senkte sich um mehrere Töne, wurde verschleiert und erreichte einen Punkt, wo Härte und Zärtlichkeit miteinander verschmolzen. Er rezitierte:

> Je connais gens de toutes sortes
> Ils n'égalent pas leur destin
> Indécis comme feuilles mortes
> Leurs yeux sont des feux mal éteints
> Leurs coeurs bougent comme leurs portes
>
> Ich kenn Leute von allen Allüren
> So schlecht wie ihr Schicksal sind sie nicht
> Wie welke Blätter sich rühren
> Zuckt ihnen im Aug halberloschenes Licht
> Ihre Herzen gehn wie die Türen*

Die Hand auf meinem Arm entspannte sich, löste sich von ihm und begann, an einen unsichtbaren Dritten gewendet, Zeichen in die Luft zu machen. »Das ist Apollinaire«, sagte Saint-Jean. »Apollinaire! Er war ein Weiser. Ich sage dir, er war ein Weiser!«

Schon war mein wunderbarer Freund einen Schritt zurückgetreten. Er reckte sich mit ausgestreckten Armen empor. Mir schien es, als sei er gewachsen und habe etwas Wesentliches und so Wichtiges entdeckt, daß er es mir schnellstens übermitteln müsse. Ja, so etwas wie eine Neuigkeit, eine gute Nachricht, die unser verdammtes Leben erhellen würde. Ich hörte begierig zu.

* Aus: Alkohol – Alcools, deutsch von J. Hübner, in: Guillaume Apollinaire, Einleitung von A. Billy, Neuwied-Berlin 1968, S. 77.

Ich kenn Leute von allen Allüren
So schlecht wie ihr Schicksal sind sie nicht
Wie welke Blätter sich rühren
Zuckt ihnen im Aug halberloschenes Licht
Ihre Herzen gehn wie die Türen

Er hatte die Verse aufs neue rezitiert, diesmal aber mit lauterer und fester Stimme. Diesmal mußte er mich nicht mehr überzeugen. Für ihn wie für mich war es eine Gewißheit geworden.

Jetzt drückte er mir auf die Schulter, als wollte er mich um meine eigene Achse drehen lassen, mich mit den neuen Augen, die er mir verliehen hatte, den Horizont rundum prüfen lassen.

»Apollinaire dachte nicht an uns«, sagte er. »Er dachte an ein Mädchen namens Marizibill, an ein öffentliches Mädchen. Und trotzdem, Lusseyran, trotzdem!«

Er brauchte nicht mehr zu sprechen. Ich gab ein Zeichen, daß ich verstanden habe. Ich hatte mehr als verstanden: Ich sah. Ich sah um uns herum einen Ring spitzer, wackliger Steine, die den Weg absperrten, eine Masse von Menschen, die fast kein Gesicht hatten und deren Augen blinzelten, ohne sich jemals ganz zu öffnen. Ich sah Scharen von Häftlingen, die in Richtung Appellplatz krochen. Ich sah die Kälte, den Hunger, die Angst, all die Dinge, die größer waren als wir, die zu groß für uns waren. Ich wußte, daß der erste Mensch, auf den ich stoßen würde, nicht meine Sprache sprechen und keinen meiner Gedanken haben würde. Und auch ich wäre für ihn völlig fremd.

Und Saint-Jean, der es gewöhnlich immer eilig hatte, eilig, zu fragen, zu sehen, zu erfahren, eine einfache, ehrliche Gewißheit zu erlangen, die ihn im Leben aufrecht halten könnte, ließ sich nicht weiter darüber aus; er war nicht mehr auf der Suche.

Ich fragte ihn: »Wie hast du diese Verse gefunden?«
»Sie waren da«, sagte er. »Ich kannte sie seit langem. Doch als ich gerade jenen großen Russen oder vielmehr Tataren sah und die fünfzig anderen Russen, die langsam einen Kreis um ihn zogen, sich schweigend näherten und

sich schließlich alle zusammen, vor Haß röchelnd, auf ihn stürzten, ihn schunden, mit den Füßen auf ihm herumtrampelten und ihn töteten, und niemand etwas getan, niemand etwas gesagt und vielleicht niemand etwas gesehen hat ... da habe ich verstanden, Lusseyran.«

> Ich kenn Leute von allen Allüren
> So schlecht wie ihr Schicksal sind sie nicht

In diesem Moment machte mein Freund eine sehr heftige Gebärde mit dem Arm, als ob er einen unerträglichen Gedanken in Schach halten wolle. Einen Gedanken, den ich in derselben Sekunde hatte und den auch ich nicht ertragen konnte.

Es gab also diese Ohnmacht der Menschen – unsere Ohnmacht – gegenüber Ereignissen im menschlichen Leben, die gleichzeitig unsere Erlebnisse sind. Das war bedrohlich und erschreckend. Apollinaire hatte diese Ohnmacht ausgesprochen. Dieser Dichter hatte sie so auszusprechen vermocht, daß sie nicht mehr das gleiche Gesicht hatte. Sie wurde von ihm nicht milder dargestellt, sondern vielmehr klarer. Sie begann langsam gesühnt zu werden, gerade so viel und so wenig, um dem Leben Platz zu lassen.

Ich mochte Jean schon seit einigen Wochen, weil er mutig und von fieberhafter Unruhe war und vor allem, weil er eine unglaubliche Leidenschaft hatte, die ich in einem solchen Maß bei niemand anderem gefunden habe: Er war leidenschaftlich ehrlich. Das war sein Adel. Er scherte sich nicht darum, ob es klug war, in einem Konzentrationslager ehrlich zu sein. Ein ehrlicher Mensch ist es in allen Situationen. Er hält sein Wort, versucht zu verstehen, auch wenn es weh tut. Die moralische Harmonie, die moralische Reinheit sind Dinge, die man nicht verkauft, auch nicht – und vor allem nicht – um den Preis materieller Sicherheit.

Ich mochte Saint-Jean seit Wochen, diesen mageren, gebieterischen Eiferer, weil er seine menschliche Stimme, seine menschliche Klangfülle jederzeit mit einer Standhaftigkeit abgab, die nicht einmal durch Müdigkeit oder

Erschöpfung verändert wurde. Ich mochte ihn seit dem Augenblick, als ich, am Tag vor der Abfahrt nach Deutschland, in Fresnes in eine Durchgangszelle gekommen war. Ich kannte jenen Mann nicht, der dort, aufrecht gegen das verschlossene Fenster gelehnt, sprach. Ich kannte nicht einmal seinen Namen. Aber es trieb mich mit einem Schlag, ohne jede Hemmung, auf ihn zu.

Er war kein Dichter. Er war Geschäftsmann und leitete seit mehreren Jahren äußerst erfolgreich in Marseille ein bedeutendes Handelsbüro. Er hatte von Anfang an, gleich 1940, zur Résistance gehört und eine sehr positive Arbeit geleistet: Er hatte ein Netz zur Rückführung alliierter Flieger ins Leben gerufen. Er war kein lyrischer Geist, kein Wirrkopf. Er, der plötzlich Apollinaire rezitierte, wandelte die Poesie in Taten um.

Einige Wochen später – es war mitten im August, während die Alliierten, ohne daß wir es wußten, Frankreich befreiten – fand ich mich an derselben Stelle ein. Ich setzte mich auf die kleine Steinmauer, die dem langen und schmalen Bau mit den Waschbecken gegenüberlag. Eine Türe, einige hohe Fenster und, innen im Dunkel liegend, eine Reihe großer roter Waschbecken (man hätte meinen können, sie seien aus Porphyr), gekrönt jeweils von einem Metallknopf, dem zischend eiskaltes Wasser entströmte. Dorthin wurden wir jeden Morgen, wenn die nächtlichen Scheinwerfer an der Spitze der Beobachtungstürme erloschen, in großen Haufen hingetrieben, um im Dunst der dichtgedrängten menschlichen Körper unsere Toilette zu machen.

Ich saß auf der Mauer in der Sonne, zwischen einem jungen Pariser Schauspieler, einem scheuen, schönen jungen Mann mit den Händen eines Mädchens, und einem gewissenhaften, etwas skeptischen Lehrer aus Burgund. Ich sagte zu ihnen: »Die wahre Poesie ist keine Literatur.« »Keine Literatur?« riefen alle beide aus. Ich erstaunte, ja schockierte sie beinahe. Ich sah wohl, daß ich ihnen eine Erklärung schuldig wäre, aber ich verspürte keine Lust dazu. Stattdessen fing ich an, auf gut Glück Verse zu rezitieren, all die Verse, die mir gerade einfielen und die sich auf unser Leben in diesem Augenblick bezogen. Ich rezitierte mit natürlicher Stimme Baudelaire und Rimbaud.

Nach und nach hatte sich meiner Stimme eine andere Stimme beigefügt. Ich wußte nicht, woher sie kam, ich fragte kaum danach. Doch dann mußte ich sie vernehmen: Die Verse wurden im Hintergrund nachgesprochen. Hinter mir hatten sich zaghaft Stimmen erhoben. Auch vor mir nahm ich sie wahr. Ich war von ihnen umgeben. Ohne es zu wollen, verlangsamte ich meinen Vortrag.

Menschen waren hinzugetreten, hatten sich angesammelt und einen Kreis gebildet. Sie sprachen die Worte im Echo nach. Am Ende jeder Strophe, bei jeder Pause ließen sie die letzten Silben nachklingen. »Komm, laß sie, rezitiere weiter!« flüsterte mir der Schauspieler mit den Mädchenhänden zu, »hier geschieht etwas Außerordentliches.«

Ich psalmodierte. Mir schien in diesem Augenblick, als wüßte ich alle Gedichte, die ich gelesen hatte, selbst die, die ich vergessen glaubte. Der Kreis der Menschen um mich herum wurde dichter: Es war eine ganze Schar. Ich hörte, daß diese Leute keine Franzosen waren. Das Echo der Verse, das sie mir zurückgaben, klang bisweilen verzerrt wie der Ton einer Geige, bei der sich eine Saite lockert, bisweilen geradezu wie der einer Stimmgabel. Der Atem all dieser Menschen kam näher: Ich spürte ihn jetzt auf meinem Gesicht. Es waren vielleicht fünfzig.

Ich fragte: »Wer seid ihr?« Ich bekam sogleich Antwort, aber in einem schrecklichen Durcheinander: Die einen sprachen deutsch, die anderen russisch, wieder andere ungarisch. Einige repetierten die letzten Worte des letzten Verses einfach auf französisch. Sie neigten sich zu mir herab, gestikulierten, umarmten sich, richteten sich wieder auf, schlugen sich mit den Armen auf die Brust, lispelten, murmelten, schrien, einer plötzlichen Leidenschaft ganz ausgeliefert. Ich war betäubt und glücklich, dumpf-glücklich. Doch ich konnte kein Wort mehr unterscheiden, so groß war während weniger Sekunden der Lärm geworden. Fern von mir, hinter der schwankenden

Menge, riefen Menschen die Vorübergehenden in allen Sprachen Osteuropas herbei. Ich suchte nicht mehr zu verstehen, was geschah; unfähig, etwas anderes als Glück zu empfinden, ein gleichmäßiges Glück in der Art eines musikalischen Tones, ein in Hals und Brust sitzendes Glück, nahm ich meinen Vortrag wieder auf. Ich hatte nur noch ein Gedicht von Baudelaire in Erinnerung: ›La Mort des amants‹. Ich gab es wieder. Und zahllose dröhnende, kreischende, krächzende oder einschmeichelnde Stimmen wiederholten: »les flammes mortes«.

Ich hatte Mühe, die Menge zu verlassen, ihr zu entrinnen. Ich mußte die Arme nach vorn werfen und, weiter rezitierend, mir Schritt für Schritt ins Freie bahnen. Ich weiß, es ist kaum glaubhaft, doch hinter mir hörte ich Menschen weinen.

Mein Kamerad, der Lehrer, sagte mir, daß alle diese Menschen den Buchstaben U auf ihrer Jacke trügen. Es waren Ungarn. »Was ist denn eigentlich geschehen?« fragte ich. »Wir haben nichts gesehen«, sagten meine beiden Freunde. »Sie kamen wie die Fliegen von allen Himmelsrichtungen auf einmal«, fügte der Schauspieler mit den Mädchenhänden hinzu. Doch er, der gewöhnlich am Ende jedes Satzes kicherte, war diesmal ernst und fast gerührt.

In den folgenden Tagen lernte ich einige von diesen Ungarn kennen. Ich erfuhr, daß die meisten von ihnen Juden waren und auf eine kurz bevorstehende Verlegung, »einen Transport in den Himmel«, wie es die SS nannte, warteten. Alle wußten, daß sie bald sterben würden. Ich erfuhr ebenfalls, daß keiner von ihnen – nicht einmal ein wenig – französisch sprach, daß sie aber, als sie einen Menschen Verse rezitieren hörten, sich auf ihn wie auf eine Nahrung stürzten. Einer von ihnen – er hieß Alexander – konnte nach einem Monat die letzte Strophe von ›La Mort des amants‹ fehlerlos wiederholen, all die Wörter aneinanderreihen, die für ihn nicht den geringsten Sinn ergaben. Ich fragte ihn nach seinem Beruf: Er war Journalist in Miskolcz, einer kleinen Stadt nordöstlich von Budapest.

Nein, Poesie war keine Literatur, nicht nur Literatur. Sie gehörte nicht zur Welt der Bücher. Sie war nicht allein für diejenigen da, die lesen. Die Beweise mehrten sich.

Eines dunklen Wintermorgens drängelten wir uns in der tintigen Dämmerung, etwa dreißig erschöpfte und vor Kälte zitternde Männer, um eines der roten Waschbecken um ein bißchen Wasser. Dieses eisige Wasser, das von einer Hand unterbrochen wurde oder von einem Gesicht absprang, das sich zu nahe daran anpreßte, ergoß sich über unsere nackten Oberkörper. Es herrschte Schweigen wie immer, wenn man etwas gemeinsam und gezwungenerweise tat. Aber plötzlich begann einer der Umstehenden zu singen. Seine Stimme schwoll an und zog uns auf eine unmittelbare und magische Weise in ihren Bann. Es war die Stimme von Boris, einem so außergewöhnlichen Menschen, daß es mir unmöglich ist, sogleich von ihm zu sprechen. Eine Stimme, die weich wie Haar, reich wie das Gefieder eines Vogels war, ein Vogelschrei, ein Naturgesang, eine Verheißung. Boris hatte ohne Ankündigung die Gefilde der Kälte, der düsteren Dämmerung, der untereinandergemengten Leiber verlassen. Er rezitierte Péguy; ich glaube, es war ›La Tapisserie de Notre Dame‹.

Wer von uns wußte, was Boris sagte? Wer kümmerte sich darum! Aber wir dreißig verharrten regungslos mit erhobenen Armen und geneigtem Oberkörper, während eine Handvoll Wasser durch unsere Finger rann. Mit dieser Stimme begann das Leben neu zu erstehen. Als das Gedicht schließlich beendet war, sagte mir ein kleiner, neben mir stehender Mann, den ich monatelang für linkisch und schwerfällig gehalten hatte: »Faß meine Stirn an! Das ist doch tatsächlich Schweiß! Wie Poesie wärmen kann!« Die Barriere des Frostes war tatsächlich gewichen. Wir spürten nicht einmal mehr die Müdigkeit.

Eines Nachts im September, als es unmöglich war, in der heißen und stinkenden Baracke zu schlafen, waren Sylvain und ich heimlich aufgestanden und waren zu dem einzigen Refugium, dem einzigen nicht überwachten Ort gegangen: den Latrinen. Dort gab es noch einen Luftzug.

Sylvain war ein so schwacher und verstörter kleiner Junge, daß er beim Gehen zu schreien schien. Er hatte jegliche Hoffnung verloren, zweifellos deshalb, weil er, so jung wie er war, vor seiner Ankunft noch keine Zeit gefunden hatte, sich einen ausreichenden Vorrat anzulegen. Er sah sich ganz langsam, ganz still sterben. Er war ebenso geduldig wie traurig. Seine Hand, die er mir gab, war so verkrampft, daß sie sich nur zur Hälfte öffnete, und ich konnte sie nur mit äußerster Behutsamkeit berühren.

Sylvain war ein kleiner Musiker aus Belgien. Er hatte perfekt Bratsche gespielt; zum richtigen Zeitpunkt wollte man aus ihm einen Virtuosen machen. Aber Sylvain konnte nicht sprechen. Von der Abstammung her Flame, von der Erziehung her Franzose hatte er niemals eine Sprache richtig gesprochen.

In dieser Nacht hielt ich seinen Arm ganz fest, denn er drohte zu fallen. Ich wollte ihm vom Leben erzählen, jenem großen Thema, das er nicht kannte. Da er aber nicht gut französisch verstand, rezitierte ich ihm Verse. Und nach und nach, im Lauf der Stunden, spürte ich, wie sich sein Körper aufrichtete, seine geschlossene Hand sich öffnete. Einen Augenblick hörte ich seinen Atem. Sylvain hatte keine Angst mehr.

Poesie – das war nicht Literatur.

Es gab etwas, das nur der Terror bewirken konnte: daß nämlich diese im Innern der Baracke wogende Masse von Hunderten von Menschen schwieg. Nur der Terror – und die Poesie. Wenn jemand ein Gedicht vortrug, wurden alle still, einer nach dem anderen, wie Glut von Kohlen, die erlischt. Eine Hand hielt die Menschen zusammen. Ein Mantel der Menschlichkeit bedeckte sie.

Ich machte die Erfahrung, daß die Poesie eine Handlung ist, eine Beschwörung, ein Friedenskuß, eine Medizin. Ich machte die Erfahrung, daß die Poesie eines der wenigen, sehr wenigen Dinge ist, die über Kälte und Haß siegen können. Man hatte mich das nicht gelehrt.

Nicht mehr und nicht weniger als eine Medizin. Ein Stoff, der, auf den menschlichen Organismus übertragen, den Lebenskreislauf in ihm veränderte, ihn schneller oder langsamer machte. Kurz, ein Stoff, dessen positive Eigenschaften genauso konkret waren wie die einer chemischen Substanz. Vor diesen Erfahrungen war ich weit davon entfernt, das zu ahnen.

Als Schüler von Büchern liebte ich die Poesie, wie ich ein Phantom geliebt hätte: Ich liebte sie wegen ihrer Irrealität. Ich glaubte, sie sei eine Kunst, ein großartiges Spiel, ein Luxus, und immer ein Privileg. Welch eine Offenbarung war das nun für mich!

Nicht alle Dichter waren indes von Wert. Manche blieben an der Schwelle: Sie wurden in unser Unglück nicht aufgenommen. Es waren immer die klagenden Dichter.

Lamartine wurde nicht ernst genommen: Er jammerte so leicht, und er jammerte über sich selbst, was wir damals nicht ertrugen. Vigny komplizierte das Leben absichtlich; zudem war er zu feierlich. Musset erreichte uns trotz seines erschreckenden Egoismus' schon eher, weil er sich zumindest meisterhaft auf die Verskunst verstand. Er war ein vollendeter Schauspieler, ein genialer Komödiant.

Hugo war ihnen allen überlegen. Der kleinste Vers von ihm wirkte auf uns wie ein Stoß, wie eine Blutzufuhr. Dieser Teufelskerl, dieser unwiderstehliche Mann des Lebens befaßte sich mit unseren Angelegenheiten, sobald er das Wort ergriff. Ob er von Charles Quint redete, von den Attributen der Göttlichkeit oder von einem Arm, der um ein hübsches Mädchen geschlungen war – er verfehlte nie seine Wirkung. Für uns war es in keiner Weise notwendig, ihn zu verstehen, noch ihm oder seinen Worten genau zuzuhören: Es genügte, alles mit sich machen zu lassen. Das Leben in diesen Versen blähte sich auf, schwang die Faust, sprühte Flammen und galoppierte dahin. Das war für uns wie ein Guß frischen Weines in unsere Kehlen, auf den die Trunkenheit, die wohltuende Trunkenheit folgte, die die ganze Leere der Existenz ausfüllt und über Armseligkeit und Leid hinweg ein zweites Leben schenkt. Wir liebten Victor Hugo; es war eine glückliche Begegnung.

Auch Baudelaire gefiel uns; er schien allerdings mit einem Trick zu arbeiten: Er hatte das – alles in allem so seltene – Talent, inmitten der schwärzesten Löcher einen kleinen Lichtfunken ausfindig zu machen und ihn uns in die Augen springen zu lassen. Er verband Himmel und Erde, das Wirkliche mit dem Unmöglichen mit einem Geschick, das uns Mut gab. Das war also erlaubt! Auch wir wollten das tun. Wir wollten im Rauch der gestohlenen Zigarette, der schlechtschmeckenden Pfeife aus trokkenem Gras alle verlorenen Paradiese einatmen! Er selbst konnte das!

Doch die wahren Sieger, die Kraftspender, die so stark wie Alkohol wirkten, waren die Sänger. Es waren die Sänger des Mittelalters. Oder Villon, Ronsard, Verlaine, Apollinaire und Aragon – sie drängten alle Hindernisse beiseite. Sie sprachen deutlich von einem anderen Ort als der Erde aus. Oder war es vielmehr ihr Schritt, der Rhythmus ihres Gangs, der nichts mehr gemein hatte mit unserer Art, dahinzukriechen? Sie zogen im Flug vorbei und setzten uns auf ihre Flügel.

Muß ich daran erinnern, daß es keine Redensarten sind, daß das unsere echten Gefühle waren, daß die Poesie für uns nicht ein geschätztes Objekt war, sondern daß sie von uns ganz und gar durchlebt wurde? Wir sagten nicht: »Das ist schön«, ein Ausdruck, der nur den Glücklichen, den Satten angemessen ist. Wir sagten: »Spürst du, wie das gut tut?!«

Ich höre die Skeptiker knurren: »Er wird uns doch nicht glauben machen wollen, daß sie sich von Poesie ernährt hätten.« Gewiß nicht: Wir ernährten uns von Wassersuppe und bitterem Brot. Und von Hoffnung. Das mögen die Skeptiker nicht vergessen! Übrigens hatte die Poesie gerade mit der Hoffnung etwas zu tun. Ich mußte erst – bis zum Ersticken – die dickflüssigen materiellen, streng physischen Gegebenheiten durchdringen, bevor ich wußte, wie kompakt und greifbar die Dinge ohne Gewicht sind, die man Hoffnung, Poesie, Leben nennt.

Der kleine Arbeiter aus Lens, den ich tröstete, den ich mit dem einzigen Gut, das mir an jenem Tag geblieben war – einem Gedicht von Eluard –, nährte, stieß dieses Stück, das ich ihm hinstreckte, keineswegs zurück. Er sah darin keineswegs eine »Abspeisung mit schönen Worten«. Für ihn existierte es wirklich: Es war eine Chance, auf die man sich stürzen, eine Planke, die man ergreifen konnte. Das wog im Mund, das zog mit einem Mal in eine bessere Zukunft.

Dem Wunsch, zu leben, Nahrung geben, ihn auflodern lassen – das allein zählte. Denn für ihn war die Deportation eine tödliche Gefahr. Man mußte sich unaufhörlich in Erinnerung rufen, daß immer die Seele als erste stirbt – auch wenn man es nicht bemerkt –, und daß sie immer den Körper in ihren Untergang mitzieht. Zuerst mußte man der Seele Nahrung geben.

Die Moral – alle Thesen der Moral – waren ohnmächtig. Es war, als seien sie alle um künstlicher Existenzgrundlagen willen geschaffen worden: um des provisorischen Friedens oder um des provisorischen sozialen Gleichgewichts willen. Ideen und Kenntnisse vermochten auch nichts: Sie konnten die menschliche Hoffnungslosigkeit nicht heilen.

Nur die Religion gab Nahrung. Und, gleich nach ihr, das Gefühl menschlicher Wärme, die spürbare körperliche Gegenwart der anderen. Und die Poesie.

Die Poesie jagte die Menschen aus ihren gewohnten Refugien, jenen Orten voller Gefahr. Diese schlechten Refugien waren die Erinnerungen aus der Zeit der Freiheit, die persönlichen Geschichten. Die Poesie schuf freien Raum.

Ich war einem bescheidenen und sanften Mann namens Maurice begegnet. Ich erholte mich in seiner Nähe, weil er niemals – auch nicht versteckt – irgendeine Heftigkeit zeigte. Er zeigte jeden Tag das gleiche Gesicht, das man fast heiter hätte nennen können. Er sprach gedämpft und in kleinen Sätzen. Er betrachtete das Leben aus weiter Entfernung, immer von sehr weit weg. Zwischen dem Leben und ihm stand eine unsichtbare, verschmutzte Scheibe. Maurice war ein großer Sentimentaler.

Er hatte Angst, sich anderen aufzudrängen. Deshalb sprach er für gewöhnlich nicht. Oder er begnügte sich damit, mit sehr tiefer Stimme die letzten Worte jedes von seinen Gesprächspartnern gesprochenen Satzes zu wiederholen.

Maurice war in Saint-Étienne Buchhalter in einem Handelsunternehmen gewesen. Er hatte sehr wenige Erinnerungen. Doch diejenigen, die er hatte, taten ihm sehr weh. Sie bezogen sich alle auf eine Frau – seine Frau. Ich lauschte diesen Erinnerungen leidenschaftlich, denn es war das erste Mal seit vielen Monaten, daß mir ein Mensch mit einem Herzen voller Rührung von seiner legitimen Liebe sprach.

Maurice hatte eine Frau, die nicht besonders hübsch war, wie er immer wieder versicherte, die aber die seine war, die ihn immer getröstet hatte und ihm beigestanden war, was er gewiß niemals vergessen würde. Dieses Versprechen machte er mit gepreßter Stimme, als sei seine Rückkehr zu dieser Frau auf immer unmöglich.

Er sprach von Simones Händen, von Simones Haaren, von ihrem Herz und ihren Träumen. Er schilderte sie geistig und physisch bis ins Kleinste, ohne dabei den geringsten Unterschied zu machen. Für ihn hatte Simone als Ganzes denselben herben und zarten Geschmack.

Er hatte mir von ihr schon ein, zwei, zehn Mal erzählt. Eines Tages sah ich schließlich, daß dieser Mann dabei war, sich zu verzehren. Diese Bekenntnisse brachten ihn um. »Ich sollte nicht so an sie denken«, sagte er. »Das macht sie zu wirklich. Ich weiß es. Doch wie soll ich es machen?« Und eines Tages dachte ich an die Poesie. Ich zog meinen Buchhalter in eine Ecke und rezitierte ihm ein Gedicht von Éluard, das mir Saint-Jean beigebracht hatte:

> Elle est debout sur mes paupières
> Et ses cheveux sont dans les miens,
> Elle a la forme de mes mains,
> Elle a la couleur de mes yeux,
> Elle s'engloutit dans mon ombre
> Comme une pierre sur le ciel.

Elle a toujours les yeux ouverts
Et ne me laisse pas dormir.
Ses rêves en pleine lumière
Font s'évaporer les soleils,
Me font rire, pleurer et rire,
Parler sans avoir rien à dire.

Aufrecht steht sie auf meinen Lidern
Und ihr Haar ist in meinem Haar.
Sie hat die Form meiner Hände,
Sie hat die Farbe meiner Augen,
Sie verzehrt sich in meinem Schatten
Wie ein Stein im Himmel.

Immer hat sie die Augen offen
Und läßt mich nicht schlafen.
Ihre Träume im hellen Licht
Lassen die Sonne verdunsten,
Machen mich lachen, weinen und lachen,
Sprechen, ohne daß ich etwas zu sagen weiß.*

Maurice hörte zu, sagte kein Wort und lief davon. Doch am anderen Tag hielt er mich gleich nach dem Wecken am Ausgang der Baracke an. »Weißt du, mein Freund«, sagte er, »daß ich seit diesem Gedicht nicht mehr auf die gleiche Art und Weise an sie denke. Ich sehe sie, aber es tut nicht mehr weh. Anstatt in Saint-Étienne scheint sie überall zu sein. Dein Éluard hat mich geheilt.« Es war wahr. Maurice sprach jetzt lauter. Er war – zumindest für eine gewisse Zeit – von sich selbst geheilt.

Ich begann einen poetischen Feldzug.

Mitten am Tag stieg ich mitten im Block auf eine Bank, die an die Bettengestelle angrenzte. Dort stand ich wie ein Straßensänger und rezitierte Gedichte. Die Vorübergehenden blieben stehen und drängten sich um mich. Bald

* Aus: Mourir de ne pas mourir – Sterben am Nichtsterben, deutsch von G. Henniger, in: Paul Éluard, Choix de Poèmes – Ausgewählte Gedichte, Neuwied–Berlin 1963, S. 85.

antworteten Stimmen der meinen. Ich spürte sie so nahe an meinem Körper, daß ich den Hauch ihres Atems und die Entspannung ihrer Muskeln spürte. Für einige Minuten entstand Harmonie, ja fast Glück.

Unser Unglück – das sah ich damals – rührt daher, daß jeder von uns glaubt, der Mittelpunkt der Welt zu sein; daher, daß jeder von uns der elenden Überzeugung ist, er allein leide so intensiv, daß er es nicht mehr ertragen könne. Unglück – das ist immer, sich in der eigenen Haut, im eigenen Schädel gefangen zu fühlen. Das war nun für einige Augenblicke ganz anders: Die Dichter, die großen Dichter sprachen vom Allgemeinen, sprachen von einer Welt, in der alle Teile Kraft und Schwäche, Kindheit und Verfall des Alters austauschen.

Simone, Maurice's Simone, war nicht mehr für immer in Saint-Étienne und nur dort. Jene Menschen und ich, wir waren nicht mehr für immer in Buchenwald und nur dort. Welch eine große Hilfe war das für unser Leben!

Bücher waren natürlich rar. Einige gelangten in Form von Nahrungsmittelverpackungen oder inmitten eines Raummeters Holz eingequetscht zu uns. Sie zirkulierten verstümmelt, wie sie waren. So umhüllte auch eines Morgens der griechische Text des ersten Gesangs der Ilias und seine deutsche Übersetzung dicke schwammige Rollen synthetischer Wurst.

Ich beschloß, die Erinnerung zu mobilisieren. Ich ließ jeden die Verse vorsagen, die er wußte. Stück für Stück rekonstruierte ich die Gedichte. Ich entdeckte, daß im menschlichen Gehirn poetische und musikalische Kenntnisse vorhanden waren, die auszubeuten im gewöhnlichen Leben keiner je auf den Gedanken verfallen würde.

Boris – der Mann, der in den Waschräumen Péguy vortrug – sagte mir eines Tages: »Mein Kind (mein Kind sagte er zu allen, die er mochte)! Mein Großer! Zähl bitte einmal zusammen, was nicht dir gehört. Deine Hand gehört dir, dein Körper gehört dir, deine Gedanken gehören dir. Das ist ein Jammer. Aber die Poesie gehört dir nicht. Auch mir nicht oder sonst einem von ihnen. Deshalb leben sie davon. Lassen wir das übrige, reden wir nur von der Poesie, und von der Liebe.«

Aus dieser Erfahrung heraus sage ich und werde immer wieder sagen: Der Mensch nährt sich vom Unsichtbaren. Er nährt sich vom Unpersönlichen. Er stirbt, weil er das Gegenteil von beidem vorgezogen hat.

Es gibt einen Zeitpunkt im Leben – manchmal ist es ein recht plötzlicher Übergang –, wo das Schauspiel der Kinder uns ebensoviel oder mehr lehrt als das der Erwachsenen. Es ist ein glücklicher Augenblick, denn er läßt erkennen, daß wir dabei sind, einen Unterschied zu machen zwischen unserem Leben und dem Leben an sich.

Damit fällt uns ein Schlüssel in die Hand, ein Schlüssel, der uns eines der seltsamsten Geheimnisse des Gedächtnisses öffnet.

Ich liege schlaflos und nage an meinen Erinnerungen; ich taumle mit gesenktem Kopf, einem schlechten Geschmack im Mund, zwischen Mißerfolgen, Eitelkeiten, Demütigungen, Irrtümern und gestorbenen Wünschen hin und her. Vor mir sehe ich einen Tag, ein Jahr, drei Jahre, noch mehr. Ich lasse meine Handlungen im einzelnen Revue passieren: Sie nehmen sich – fast alle – recht schlecht aus. Nicht eine hat einen frischen Teint, ein klares Auge. Überall in meiner kleinen Geschichte gibt es so viel Feigheit, so viele, aber trübe Gründe zu handeln, vor allem diese außerordentliche Ungeschicktheit, als sei ich in der Klasse des Lebens dazu verdammt, immer ein schlechter Schüler zu bleiben.

Ganz sicher – ich liebe meine Geschichte nicht, ich kann sie nicht lieben. Ein sicheres Zeichen dafür ist, daß ich sie, so oft ich dazu Muße habe, in der Vorstellung neu beginne; dann macht sie allerdings einen besseren Eindruck. Welcher Mensch liebt sein Leben ehrlich?

Dennoch verschmelzen gerade diese Jahre – die ich ohne allzu große Illusionen betrachte, da sie vergangen sind –, dieses ganze unzulängliche Konzept, dieser Brei von Handlungen letzten Endes in meiner Freude von heute. Es gibt etwas in ihnen, das sich bewegt, das einen kontinuierlichen Ton ausstrahlt und das, um es offen zu sagen, triumphiert, ja, das siegreich von Mißerfolg zu Mißerfolg voranschreitet. Dieses »Etwas« ist so heftig, daß es den Geist verwirrt. Es geht nicht darum, es zu definieren, und wenn ich es benenne – ich muß es wohl tun, da ich schreibe –, geschieht das auf eine vorläufige Art, an der ich nicht mehr hänge als an einer anderen und die zu ersetzen ich sofort, wenn man mir eine bessere anbietet, bereit bin: Es ist das Leben in meinem Leben.

Mit meinem Leben kann man leider alles oder zumindest vieles machen. Man kann es erleichtern oder es gefährden, man kann es loben, tadeln oder in eine andere Richtung drängen. Mit dem Leben in mir kann man das nicht, und ich glaube, den Grund dafür zu sehen: weil es mir nicht mehr gehört als denen, die gern darauf einwirken würden.

Die Geschichte eines meiner Freunde wird das besser verdeutlichen. Dieser Junge, Georges L., war 1941 neunzehn Jahre alt. Er war damals ein großes, sanftes und großzügiges Kind, das man wegen seiner manuellen Geschicklichkeit und seines Sinns für das Praktische rühmte. Ein großer Geist war er nicht. Alle erwarteten von ihm ein gewöhnliches Leben.

Plötzlich schloß er sich in der Normandie, seiner Heimat, der Résistance an und geriet fast gleich darauf in eine Polizeifalle. Die Gestapo verhaftete ihn und sperrte ihn ein. Es war die Anfangszeit der Besatzung, die den ersten Niederlagen voranging: Die Nazis waren hart. Georges kam zuerst in ein Pariser Gefängnis, dann in Festungshaft nach Deutschland.

Hier endet die Banalität der Geschichte: Georges blieb bis Mai 1945 in Haft. Es genügt, einen Monat, vielleicht eine Woche in Haft geblieben zu sein, um zu wissen, daß die Dichte dieser Orte, die Dichte der Zeit, die sie ausfüllt, nicht ermessen werden kann. Georges blieb neunundvierzig Monate in Haft, vier Jahre und einen Monat.

Das heißt, daß neunundvierzig Monate lang sein Leben nichts anderes war als eine Folge von Funktionen seines Körpers, das Klopfen seines Blutes, das in einem solchen Fall zu einer Qual werden kann. Um seinen Körper herum – Mauern, eine Tür, die nur der Feind öffnete, Kritzeleien, das Schweigen des Steins und, sicherlich noch schrecklicher, die Geräusche der Welt, die, durch die Entfernung entstellt, zu ihm drangen. Nicht zu vergessen die Angst und die Hoffnung, die sich unaufhörlich bekämpften. Das war neunundvierzig Monate lang Georges' Leben.

An einem Morgen des Jahres 1946 hörte ich Georges zu, wie er mir in kleinen, einfachen Sätzen diesen Bericht gab, als hätte sich das alles von selbst verstanden. Ich hatte den Krieg, das Gefängnis und die Deportation selbst kennengelernt, aber schließlich war meine Geschichte in all diesen Jahren doch angefüllt mit Ereignissen. Überall gab es Menschen, und es gab Erinnerungen. Hier gab es nichts. Es gab in einem Leben nur dieses Loch, diese Gruft von vier Jahren. Der Schweiß stand mir auf der Stirn, mir wurde schwindelig.

Und dieser Mann kam lebend aus der Gruft. Ich hatte Lust, vor Überraschung und Freude zu weinen. Er hatte beim Erzählen eine ruhige, gleichmäßige Stimme, eine jener Stimmen, die sich nach oben öffnen, die nie bei den letzten Lauten des Satzes gegenüber den vorangegangenen etwas absinken, wie es die Stimmen enttäuschter Menschen tun. Er war im Lauf jener toten Jahre gewachsen, er war stärker und intelligenter als früher. Ich war mir dessen sicher. Er war auch fröhlicher. Woher kam das?

In seinem Leben hatte es nichts gegeben – außer dem Leben. Und er hatte verstanden, es zu bewahren, es vor dem Untergang zu retten. Jetzt sah er es deutlich vor sich. Daher rührte seine Ruhe und seine Freude.

Natürlich begann für Georges sogleich wieder das Unglück. Ich sage »natürlich«, weil ich bemerkt zu haben glaube, daß die Existenz jedes Menschen auf einem Grundereignis basiert, das, wie eine Welle, immer wieder herankommt, das sich unter im Augenblick nicht erkennbaren Formen wiederholt, die aber vollkommen klar sind, sobald man seine ganze Aufmerksamkeit auf sie richtet, und zwar so lange auf sie richtet, bis man die Lektion gelernt hat. Ich glaube bemerkt zu haben, daß die Unfälle in unserer Existenz immer wiederkehrende Mißerfolge eines Appells sind, den zu vernehmen wir im allgemeinen nicht den Mut haben, der aber unaufhörlich da ist. Georges, durch vier Jahre Haft abgekühlt und aufgeklärt, brauchte zweifellos mehr – er bekam sechs Jahre Sanatorium.

Er hatte ein erstes Mal das Wunder vollbracht: seinen Geist wach zu halten. Dieses Wunder hatte in ihm stattgefunden. Jetzt vollbrachte er das andere Wunder: seinen Körper zu heilen.

Ich habe nie einen so gesunden Kranken gekannt. Ich habe nie von irgendeinem Menschen, den sein Körper vorläufig von der natürlichen Existenz ausgeschlossen hat, so leuchtend-klare Briefe erhalten. Man hätte meinen können, irgend jemand in Georges' Innern wüßte um all das, was Georges als Individuum nicht bewußt war: Gesundheit, Harmonie, Zuversicht, Freude, Leben – lauter Synonyme.

Sechs Jahre später traf ich ihn in Cannes wieder: Er kündigte mir ruhig das bevorstehende Ende seines Exils, seines Exils von elf Jahren an.

Es war mir immer schwer gefallen, Georges zu sagen, was er für mich versinnbildlichte, weil es mir sehr wichtig war und weil Wichtiges in unseren stotternd-verwirrten Beziehungen zu anderen eine grandiose, lyrische, oratorische Form annimmt, die schwer zu ertragen ist.

Ich stellte an der Person dieses Mannes alle möglichen Hypothesen auf, selbst die der Resignation. Georges doppeltes Wunder war vielleicht einfach nur das Wunder der Geduld und der Zuversicht. Doch das ist keine Antwort: Ich sehe etwas anderes.

Ich sehe das Leben, das allgewaltige Leben. Ich sehe, was mit der Existenz eines Mannes geschieht, der dem Leben nicht widersteht. Georges war niemals bitter gewesen: Unsere Zusammenkünfte und seine Briefe haben es mir bewiesen. Er hat nie resigniert, das heißt, sich auf eine scheinbare Annahme seines Leids zurückgezogen. Er hatte sich damit begnügt zu leben. Und dabei hatte er großes Talent.

Ich sah ihn nie aufmerksam auf sich selbst gerichtet wie so viele Kranke oder einfach Unglückliche, nie beschäftigt mit der »Evolution seines Schmerzes«, aber auch nie gegen ihn aufgebracht. Nein, er schien kaum verschieden von einem Menschen in Freiheit. Er war nur eben ein klein wenig aufmerksamer. Mit einem Ohr schien er einem zuzuhören, mit dem anderen dem ihn durchfließenden Leben zu lauschen. Zu gewissen Zeiten machte dieses Leben kein großes Geräusch mehr. Aber es war immer da. Er vernahm seine verhaltene Musik. Sicherlich deshalb lächelte er immer.

Eines Tages schließlich geschah, was geschehen mußte: Als das Leben in dem Menschen, den es durchströmte, auf kein Hindernis mehr stieß, richtete es sich in ihm mit aller Kraft wieder ein. Georges war ein Mann, ich möchte sagen: ein großer Mann geworden, selbst ohne es gewünscht zu haben.

»Das Leben« in Georges' Leben war der Kern in der Frucht; die Frucht kann verdorren oder verfaulen, doch der Kern bewahrt seine ganze Kraft zu keimen. Es war die Quelle in der Wüste. Bei ihm gab es keine intellektuelle oder sentimentale Sophisterei, keine törichte Opferidee. Er hatte offensichtlich sein Unglück mit ganzer Kraft angenommen, doch er hatte von sich aus seinem Gewicht nichts hinzugefügt: weder Groll noch Eitelkeit. Er hatte es ganz leicht, ganz unpersönlich genommen, so daß sein ganzes langes Leiden fast keine Geschichte hatte.

Unsere gemeinsamen Freunde sagten: »Welch ein Beispiel an Mut gibt uns Georges!« Ich mag diesen Ausdruck nicht, ja, ich halte ihn für falsch. Es muß »welch ein Beispiel an Hingabe« heißen.

In der heutigen Sprache ist »Hingabe« fast zu einem Synonym von »Feigheit« geworden. Wir müssen uns schon eine oberflächliche und dumme Vorstellung von uns machen, um so zu denken! Sich dem Leben hingeben – das ist eine Tat, vielleicht die schwierigste Tat überhaupt. Es heißt, die Ordnung zu akzeptieren. Ich vergesse bei alldem nicht das Leiden, auch das von Georges nicht. Aber das Leiden ist nicht an sich schon gut. Es ist nicht dazu da, daß man es verherrlicht. Es ist nur ein Zeichen, das Zeichen eines Irrtums, den wir begangen haben; es ist ein Zeichen, daß wir etwas getan haben, das gegen »das Leben« in uns verstößt.

Ich überlege mir oft, was ich wäre, was wir alle wären, wenn wir unsere Mängel und Nöte nicht mehr als schicksalhaft-verhängnisvolle Realitäten betrachteten, als etwas, das uns von einem feindlichen Universum her zugefallen ist, sondern wenn wir in ihnen die Zeichen unserer Abwendung vom Leben, unserer Untreue ihm gegenüber sähen – und ich bin verblüfft.

Ebenso verblüfft war ich an jenem Morgen des Jahres 1946, als Georges mir zum erstenmal fröhlich von seinen Leiden erzählte.

Letztes Frühjahr beschloß mein Freund, der Maler Jean Hélion, voll Heiterkeit – wie alle Dinge, die er beschließt –, ein Porträt von mir zu malen. Von da an begab ich mich jeden Dienstagmorgen in sein Atelier, das lichtdurchflutet über den Dächern und Gärten von Paris, oberhalb des Luxembourg, lag. Jeans Plan war es, mein Gesicht und den Blick darin zu malen. Welch ein Experiment für ihn! Doch welch ein Abenteuer für mich! Der Mann, der von allen, die ich kenne, am meisten und am besten sieht, sollte mich, den Blinden, in dem Augenblick malen, wo ich sehe.

Ich bin mir des provozierenden Charakters meiner Sätze durchaus bewußt. Doch ich bitte den Leser, sich zu gedulden und meinen Bericht über die Fakten zu hören.

Als ich noch nicht ganz acht Jahre alt war, wurde ich durch einen Unfall blind, vollständig und endgültig blind. So zumindest lauten Definition und Vokabular derjenigen, die nicht blind sind. Denn für mich verlief es ganz anders.

Ich sah noch. Der Sehvorgang vollzog sich zwar nicht mehr mit Hilfe meiner Augen, doch er vollzog sich: Er fand in mir selbst statt, in einem inneren Raum, der schwer zu umschreiben ist, der aber genausogut existiert, wie der äußere Raum. Ich betone nachdrücklich: Alles, was mir begegnete, wurde von mir sofort gesehen – gesehen, und nicht berührt oder gehört: Es zeichnete sich auf einem inneren Bildschirm ab und nahm Form und Farbe an. Und das, ohne daß ich etwas unternommen hätte, diese Erscheinung auszulösen. Wie hätte ich übrigens, noch nicht acht Jahre alt, irgend etwas derartiges unternehmen können?

Diese visuelle Projektion von Gegenständen auf dem inneren Bildschirm erbrachte einen wesentlichen Unterschied zu den Bildern meines Gedächtnisses. Ich sah auch sie – meine Erinnerungen –, doch sah ich sie in meinem Kopf, in Höhe meiner Stirn und meines Gehirns. Die jetzt gesehenen Dinge dagegen nahm ich viel verzweigter, in meinem gesamten Organismus wahr. Das heißt, der Bildschirm meines neuen Gesichtssinns hatte ein Zentrum, das aber in bezug auf das gewöhnliche Zentrum unserer geistigen Vorgänge verschoben war. Mir schien, daß es tiefer lag, im Bereich der Kehle, der Brust und des Herzens.

Die Folgen waren eigenartig: Das Sehen wurde für mich – von Kindheit an – zu einer außerordentlich einfachen Betätigung, einfacher als alle anderen; ich zog aus ihr ein Gefühl der Ruhe, ja des Gleichgewichts, als ob mich mein Gesichtssinn, dieser im Zentrum meines Wesens liegende Sinn konfliktlos in eine gleiche Distanz zu allen Dingen gerückt hätte, in eine richtige Distanz.

Ich erinnere mich, daß ich mich mit ungefähr sechzehn Jahren zum erstenmal auf mich selbst besann. Ich erinnere mich, daß ich, um einen Blick auf das zu wagen, was in mir vorging – zu sehen, daß ich sah –, auch eine große Portion Enthusiasmus brauchte. Alles war dazu angetan, mich von dieser Erkenntnis abzubringen. Die Bücher leugneten, daß derartiges möglich sei, sprachen von Phantasmen und Trugbildern. Die Gesellschaft verhielt sich feindlich.

Ja, fast die ganze Gesellschaft war mir feindlich. Ich wußte, daß sie meine Erfahrung nicht anerkannte. Niemand hatte es mir mit rücksichtsloser Offenheit gesagt: weder meine Eltern, noch meine Lehrer, noch meine Kameraden. Wohl auch deshalb, weil ich niemandem getrotzt hatte: Über dieses ununterbrochene Schauspiel, diesen Gesichtssinn, der sein Leben in mir fortsetzte, sprach ich nicht.

Ich versteckte mich eher, versteckte mich hinter lyrischen Seelenzuständen, dunklen Wahrnehmungen und der Poesie. Ich schrieb damals wie so viele junge Leute Gedichte. Aber ich schrieb sie mit allen Farben der Welt, ich schnitt sie aus Licht aus. Ich verbrachte lange Stunden mit der Schwärmerei, die Verwandlungen von Blau zu betrachten, oder am Rand des Horizonts einen riesigen grünen Punkt zu fixieren. Formen drängten mir ihre Konturen auf, Gesichter füllten mich aus – sie alle waren scharf beleuchtet. Ich ließ mich in die Poesie hineingleiten, ich schlüpfte in sie hinab wie unter ein Obdach. Manchmal empfand ich sogar Scham.

Keine einschneidende Scham, keine verwundete Eigenliebe, sondern eine Verlegenheit: Ich schämte mich, aus einem ernsthaften Grund von den anderen verschieden zu sein und es nicht sagen zu können. Wie hätte die Gesellschaft jemals eine zu ihren Gesetzen so entschieden in Widerspruch stehende Erfahrung akzeptieren können?

Ja, sie widerspricht ganz sicher ihren Gesetzen. In der Welt der Menschen steht es fest, daß die Augen – und nur sie – dazu geschaffen sind zu sehen. Das ist eine schreckliche Angewohnheit. Denn sie ist sehr stark, sie ist absolut, doch sie ist kaum bekannt. Wer denkt schon jemals daran? Die Leute sagen: »Die Augen sehen. Das ist eine Tatsache.« Was wissen sie davon?

Mit sechzehn Jahren sagte ich mir manchmal – und kam den anderen darin zuvor –, daß diese ganze visuelle Phantasmagorie vorübergehen werde. Ich hörte in der Oberprima von als »Kompensation« bezeichneten psychischen Prozessen. Dabei gab es eine klägliche, aber furchtbare Hypothese: Meines äußeren Gesichtssinns beraubt, hätte ich unbewußt diesen Gesichtssinn verinnerlicht. Daher rührte diese Steigerung, dieses Flimmern von Formen und Farben in mir. »Es wird vorübergehen«, sagte ich mir. Aber ich glaubte meinen Worten nicht. Ich fühlte einen zu starken Widerstand.

Wieder einmal stellte ich einen ungeheuren Unterschied zwischen meinen Erinnerungen oder den Produkten meiner Phantasie auf der einen Seite und den gesehenen Dingen auf der anderen Seite fest. Beides gehörte deutlich zwei verschiedenen inneren Bereichen an; eine gemeinsame Verbindung bestand nicht. Erinnerungen und Bilder erforderten eine geistige Anstrengung von mir, um in meinen Geist einzudringen. Ich mußte eine Tür aufstoßen, einer Energie eine gewisse Richtung geben, damit sie erschienen. Die gesehenen Dinge dagegen fand ich, ohne daß ich sie hervorrufen mußte, in mir vor. Um zu sehen, bedarf es keiner Anstrengung, es genügt, daß man die Augen öffnet. Es genügt, daß die Dinge in das augenblickliche Gesichtsfeld eindringen. So war es auch für mich: Das Universum erwartete mich irgendwo in einer Zone, die unentwirrbar zwischen »Innen« und »Außen« lag. Die Dinge erwarteten mich, ganz mit Formen und Farben ausgestattet, wie es die Gegenstände für die physischen Augen auch sind. Wie hätte ich das verhindern sollen?

Ich habe tatsächlich jahrelang gegen den Augenschein angekämpft. Als vernunftbegabtes, ich möchte sagen: sozialisiertes Wesen wollte ich ihm kein Vertrauen schenken. Ich wollte lieber die Brille der anderen, derer, die sehen, aufsetzen, durch ihre Brille, das heißt, durch ihre Augen sehen, meinen Blick regulieren, ihn dem allgemeinen Blick angleichen. Doch das war ein absurdes Unterfangen.

Allmählich verlor ich bei diesem Unternehmen, das ich übrigens unsicher und ohne Überzeugung durchführte, einen Teil jener Freude, die ich während meiner ganzen Kindheit, selbst als Heranwachsender so fest in Händen gehalten hatte. Denn ich war im Alter von acht bis zwanzig Jahren – es tut mir leid, wenn das jemanden überrascht – sehr fröhlich, weil ich nicht sehen konnte.

Diese Feststellung erstaunt nicht nur viele Leute – sie irritiert sie auch. Das habe ich zu meinem Nachteil erfahren, als ich sie zum erstenmal vor fünf Jahren in einem Buch niederschrieb. Die einen sprachen in diesem Zusammenhang von Mut und einem durch den Willen bezwungenen Gebrechen. Sie machten aus mir innerhalb weniger Tage eine Art von Held. Die anderen sprachen von Stolz, als ob sie es nicht ertragen könnten, daß irgend etwas – in diesem Fall der Gesichtssinn – gegen das Schicksal, gegen jegliche Wahrscheinlichkeit bewahrt wurde. Ich glaube, sie alle hatten unrecht. Doch ich bin ihnen nicht böse, denn ich habe mich damals auf eine so poetische Weise ausgedrückt, daß sie die Leser tatsächlich irreführen konnte. Im Grunde hatte ich noch die törichte Furcht, Anstoß zu erregen, dieselbe Furcht, die mich in meiner Jugend am Sprechen hinderte.

Ich bin also genauso unfähig wie jeder andere, die Welt nicht zu sehen. Wie jeder andere kann ich die Augen schließen, doch das ist ein freiwilliger und immer kurzer Akt. Ich glaube sogar, daß mir das schwerer als anderen fällt, weil ich nicht die Augenlider – ich meine, die physischen Augenlider – schließen kann. Um einen Augenblick den Gesichtssinn auszuschalten, muß ich eine viel brutalere und künstlichere innere Operation durchführen. Ich schwimme geradezu in Licht und in allen Formen, die es hervorbringt. Das Licht ist mein Element, ich bin daraus gemacht.

Aber auch die anderen, die Klarsehenden, sind daraus gemacht. Andernfalls könnten sie nicht sehen. Man lehrt sie das Gegenteil – das weiß ich wohl. Man erzählt ihnen von der Lichtintensität von diesem oder jenem Objekt. Man mißt diese Intensität. Es gibt dafür internationale Maßeinheiten. Kurz, man sagt ihnen, daß das Licht nicht in ihnen, sondern außerhalb ist und daß es nach Gesetzen, die man nach und nach entdecken muß, bis zu ihnen gelangt. Auch mich hat man diese Dinge gelehrt. Aber aus Erfahrung weiß ich, daß sie falsch sind. Und deshalb war ich, selbst in den härtesten Augenblicken meines Lebens, fröhlich.

Diese immerzu bestehende Verbindung von Licht und Freude, diese Identität ist die zentrale Grundlage meiner Lebenserfahrung.

Selbst meine Freunde täuschen sich oft darin: Sie wissen nicht, was ich mit »Licht« meine. Das bedeutet nicht, daß sie dumm sind – oft genug ist das Gegenteil der Fall –, sondern daß sie Gewohnheiten haben und daß sie nicht die Gelegenheit hatten, sie, wie ich, abzulegen. Die körperlichen Augen stellen sich zwischen sie und ihren inneren Blick. Jenen Blick haben sie auf jeden Fall, doch gleichzeitig haben sie eine Haube über dem Kopf.

Wenn ich »Licht« sage, denke ich nicht an leuchtende Gegenstände, an den Wirbel von Reflexen und Schwingungen, der das visuelle Universum formt. Ich denke an die Quelle, die im Inneren liegt.

Die Quelle ist früher dagewesen als der Fluß und alle Erscheinungen während seines Verlaufs, früher als alle gesehenen Objekte. Man kann die Objekte versiegen lassen, die Quelle bleibt.

Dieser eigentliche Lichtstrom, die Lichtenergie, die, um da sein zu können, nicht von uns benutzt zu werden braucht, verläuft beim »Sehenden« bequem und zweckmäßig durch die Augen des Körpers. Es entsteht daraus eine Welt, die Welt der »Sehenden«. Wenn aber die Augen zufällig geschlossen sind, schafft er nichtsdestoweniger eine Welt: meine Welt (die »meine«, da ich es ja bin, der spricht).

Sind diese beiden Welten einander ähnlich? Ich zögere nicht zu sagen: ja, denn seit zwanzig Jahren hat mich ihre Kongruenz immer wieder überrascht. Dennoch ist es nicht richtig, wenn man »ähnlich« im gewöhnlichen Sinn des Wortes versteht.

Man verlange zum Beispiel nicht von mir zu sagen, ob jemand blond- oder braunhaarig ist, zu erraten, ob er mager oder dick ist! Man tue das ganz einfach deshalb nicht, weil diese Fragen nicht den Gesichtssinn betreffen, sondern nur die Reflexe, und von ihnen die oberflächlichsten. Ich sehe nicht, ob jemand blond oder braun ist, gekämmte oder wirre Haare hat, ob er den Arm hebt oder senkt. Ich sehe ihn, und das ist eine andere Sache.

Manchmal erkenne ich seinen Körper, betrachte seine Augen oder seine Finger. Doch dann ist das ein Zeichen, daß seine Finger oder seine Augen, die Kurven seiner Lippen oder die Ungeduld seiner Beine für ihn sprechen, daß sie an dem, was er sagt, teilnehmen, ja ihn ausdrükken. Das ist nicht immer der Fall: Es gibt auch willkürliche Gesten.

Viel öfter sehe ich ihn auf eine sehr wenig anatomische Weise. Ich zerteile ihn nicht. Ich fange ihn – ich sage übrigens genauso gern: ich empfange ihn – in dem Augenblick, wo er das Licht, das ich ihm entgegenstrecke, aufhält. Er wirft einen Schatten. Dieser Schatten verändert sich fast sofort, nimmt Form und Farbe an, jedoch nach einem anderen Ablauf als dem, der für die Augen eigentümlich ist. Wenn er aufgeregt hin und her geht, wenn mein Gespräch ihn reizt, geht sein Schatten auseinander: Stücke von ihm fallen nach rechts, nach links, nach hinten ab. Wenn er durch Freundschaft oder Interesse von mir angezogen wird, ist sein Schatten ganz nahe. Er strebt danach, sich in den meinen einzufügen. Daraus entstehen so eigenartige Empfindungen, daß ich darüber im allgemeinen schweige, sei es aus Zurückhaltung, aus Scham oder aus Ängstlichkeit.

Nehmen wir eine Frau als Beispiel: es ist klarer. Frau X sitzt am anderen Ende des Zimmers. Ich weiß es, ich höre es. Ich sehe sie sogar genau am äußersten Ende des Raumes. Doch dann möchte Frau X im Laufe und mit Hilfe des Gesprächs vertrauliche Mitteilungen machen, sie mir an diesem Tag machen. Ich sehe sie sofort näher kommen. In Wirklichkeit ist sie da hinten in ihrem Sessel, einige Meter entfernt, sitzengeblieben. Sie hat sich nicht gerührt und sogar meist geschwiegen. Doch ich sehe sie näherkommen. Es gibt jetzt zwei Frauen X: diejenige, die die anderen ans Fenster gelehnt sitzen sehen, und jene, die ich auf halbem Weg zwischen dem Fenster und meinem Sessel sehe.

Wählen wir einen anderen Fall. Herr Z. ist autoritär. Er herrscht gern, er zieht die Leute gern in die Ausstrahlung seiner Ideen und seines Willens. Er zwingt ihnen gern seine Herrschaft auf. Ich habe wirklich solche Leute gekannt. Wo, glaubt man wohl, habe ich sie gesehen, in welchem Teil des Raumes, wenn sie mich zu überreden, in ihr Fahrwasser zu ziehen suchten? Herr Z. stand nicht mehr jenseits des großen Schreibtischs, stand nicht in respektvoller Entfernung, mir meinen freien Spielraum lassend. Herr Z. war an mehreren Stellen gleichzeitig, in allen vier Ecken, und die vier Herren Z. strebten auf mich zu. Er war überall, wie ein Nebel, der mich einhüllt. Mir blieb nur noch, zu fliehen oder den Nebel zu durchqueren.

Ein Mensch spricht, er spricht gut. Er ist ein geschickter Redner oder Argumentator. Die Augen sehen ihn, sehen seine Kleidung, seine exakten Gesten, sein ernstes Gesicht. Die Augen bewundern ihn vielleicht. Auch meine Augen – das kommt vor. Doch nicht notwendigerweise. Es genügt zum Beispiel, daß sie, anstatt eine Person wahrzunehmen, deren Teile alle glücklich angeordnet sind, sich einander harmonisch entsprechen – Kopf, Arme und Beine, Rumpf und Figur –, ein klappriges, schiefes, mit einem plötzlichen Auswuchs behaftetes Männchen sehen. Manchmal frißt der Kopf den Körper auf, scheint ihn halb verschlungen zu haben. Dann ist es eigentlich kein Mensch mehr, den meine Augen sehen, sondern etwas, das wie ein Uhrwerk auf mich zukommt: eine ganze Armee von unvermeidlichen und vorgesehenen Rädchen und Federn. Manchmal scheinen allein die Muskeln oder die Nerven ihr Spiel zu treiben und anstelle des Menschen zu sprechen.

Vor einigen Jahren wohnte ich einem Vortrag bei, den ein Freund hielt, als ein Mann im Saal zu meiner Linken, nicht weit von mir entfernt, fast mitten im Satz emporschoß, genau wie eine Feder emporschnellt, die einem mitten ins Gesicht springt. Jener Mann wollte mit äußerster Heftigkeit und zornsprühend einen Einwand vorbringen. Plötzlich, einen flüchtigen Augenblick lang, sah ich einen Muskelmann, einen rötlichen Hampelmann, der aus einem Gewebe von Nerven bestand. Das war nicht die Sicht der Augen, es war die Sicht in Formen und Farben, und ich werde diese Erscheinung nicht vergessen.

Die körperlichen Augen ersparen uns nichts: Sie zeigen uns jeden Menschen mit vier Gliedmaßen, einem Rumpf und einem Kopf. Meine Augen dagegen machen Sprünge. Meinen Freund zum Beispiel, den Maler Jean Hélion, sehe ich fast nie vollständig. Ich sehe seine schönen Bauernhände und einen anderen Teil von ihm, der sehr hoch, oberhalb des Körpers, gerade über dem Kopf angeordnet ist. Ich sehe ihn mit einer Mütze von Licht. Dieses Licht wird jedesmal, wenn er malt, und jedesmal, wenn er vom Malen spricht, größer und führt seine Hände – das sehe ich materiell. Es schwächt sich immer dann ab, wenn Jean Sorgen in der Art anderer Menschen hat. Er trägt eine Mütze, keine Aureole. Ich habe nicht die geringste Absicht, in bezug auf seine Person erbauliche Poesie zu betreiben. Ich betreibe durchaus keine Poesie, sondern gebe nur Fakten wieder.

Mein Universum ist das aller anderen. Wer in diesem

Punkt mit mir nicht übereinstimmt, bejaht stillschweigend, daß es nur eine einzige Art von Erkenntnis gibt, nur einen einzigen Weg zur Erkenntnis, einen einzigen Strahl, der die gesamte Oberfläche der Sphäre in ihrem Zentrum vereinigt, und welcher ernsthafte Philosoph würde es heutzutage wagen, ein solches Paradox aufrechtzuerhalten? Auch ich gelange bald so, bald so zum Zentrum, wie jeder andere. Ich gehe nur von einem anderen Punkt der Oberfläche aus, das ist alles.

Es gibt kein Gebrechen. Das habe ich durch mein Blindsein erfahren. Gott – oder sagen Sie, wenn Sie es vorziehen: die Natur oder das Leben – entzieht uns niemals etwas. Und wenn er uns etwas zu nehmen scheint, dann sind es immer nur Äußerlichkeiten und Gewohnheiten, derer er uns beraubt. Das müssen wir wissen. Das einzige Gebrechen, das ich kenne, ist nicht die Blindheit, nicht die Taubheit und nicht die Lähmung – so hart sie sein mögen –, sondern die Ablehnung der Blindheit, Taubheit oder Lähmung.

Ich preise nicht den Verzicht, sondern den Realismus, den gesunden Menschenverstand, das heißt, die Liebe, die Liebe dem gegenüber, was ist. In meiner Blindheit sage ich, die »Liebe gegenüber dem Licht«, denn das Licht ist da.

Es ist genau auf die gleiche Weise da, wie »das Leben« in dem Augenblick in seiner Gesamtheit da ist, wenn unser Leben nichts mehr zu enthalten scheint.

Mir scheint, daß man sich selbst den Weg in der Menschenkenntnis versperrt, wenn man darauf besteht, die moralischen Eigenschaften von den physischen zu unterscheiden. Die »Verhaltenspsychologen« versteifen sich zwar nicht mehr darauf, doch ich glaube, daß sie sich trotzdem irren, weil sie alles von der einen Seite der Mauer her – der physischen Seite – aufhäufen.

Ich habe sehr oft festgestellt, daß die Angst eines Menschen, sein Zorn oder seine Traurigkeit für mich schon sichtbar sind, wenn sie auf der Stufe seines Körpers noch gar nicht erschienen sind. Ich bin nicht geschickter als die anderen. Ich muß nichts erraten: Ich sehe. Ich sehe, wie sich in den Formen des Körpers eine Zergliederung vollzieht. Ganze Stücke von Fleisch weichen plötzlich zurück, sinken ab oder vibrieren auf eine widerstrebende Weise. Selbst die Farben wechseln ins Rot oder Braun-Rot. Sie schreien. Ich wende mich ab. Der Zorn ist bereits sichtbar geworden, aber auf dem Gesicht und in den Gesten, wie die physischen Augen sie wahrnehmen, herrscht noch heitere Ruhe.

All das hängt von der Aufmerksamkeit ab.

Wenn die meisten Blinden nicht sagen, daß sie sehen, es nicht wissen, so kommt das daher, daß sie ihrer Blindheit keine Aufmerksamkeit schenken, das heißt, daß sie noch davon träumen, ihre physischen Augen zu besitzen, die sie verloren haben. Ich möchte sie übrigens in keiner Weise tadeln: Ich weiß zu gut, durch welch eine Kette von Gnadenerweisen es mir gegeben worden ist, die Blindheit in mir zu lieben. Ich weiß, daß alles dem, was sie lieben, entgegensteht: die Hindernisse, die falschen Schritte im täglichen Leben, der Egoismus der Sehenden und – fast ebenso furchtbar – die Dienste, die sie uns erweisen. Und schließlich und vor allem das Urteil des Ungeheuers Gesellschaft.

Die Gesellschaft – und zwar alle Gesellschaften von der kollektivistischen bis zur kapitalistischen – fällt schreckliche Urteile, und zwar in Form ihrer Gepflogenheiten, die sie vergöttert. Eine ihrer Gepflogenheiten ist die Ansicht, daß man normale Ohren haben müsse, um zu hören, normale Augen, um zu sehen, und daß ein Blinder, so respektabel oder bewunderungswürdig er auch sein möge, einen Verstoß gegenüber dem Gesetz darstellt.

Was ich hier schreibe, scheint nicht ernsthaft zu sein ... Doch das kommt daher, daß die Urteile des Monstrums »Gesellschaft« sich nicht in dem sogenannten bewußten Teil der Individuen vollziehen.

Ich hatte mich bis zum sechsten Stock des bürgerlichen Mietshauses emporgearbeitet. Ich hatte die gewöhnliche Treppe – eine jener Pariser Treppen, die sich nicht entscheiden können, die immer zwischen kleinlicher Sparsamkeit und großem Komfort schwanken – hinter mir gelassen, ich war die halbe Leiter, die zum Dach führt, hinaufgeklettert und tauchte, von der Aprilsonne plötzlich geblendet, auf Jeans Terrasse am Rand von Paris auf, einige Schritte vom Atelier entfernt.

Jean erschien bereits mit ausgestreckter Hand, die helle Mütze von Licht auf dem Kopf, diese großartige Mütze, die vielleicht nur ich allein sehen kann. Über diesen Gedanken kann ich nicht hinwegkommen, denn Jean steckt ganz in diesem Hut, von ihm fallen seine Worte herab. Ich habe das sichere Gefühl, daß dieser Mensch nicht nur mit seinem Mund und seiner Kehle spricht. In allen seinen Sätzen blitzt Licht auf, das offensichtlich anderswoher, von weiter oben, kommt, ein kostbarer Regen, den man in den hohlen Händen auffangen, den man vermerken und aufzeichnen können möchte, der einem aber entgleitet, weil er mit den Wirkungen des Stils nichts zu tun hat. Doch wenn ich dieses Phänomen zu eingehend zu erklären versuche, gerate ich in Verwirrung. Der Hut war jedenfalls da, und ich betrachtete ihn.

Einige Minuten später waren Jeans Augen – Augen, die ich schlecht sehe, weil sie nicht forschend, sondern nur aufmerksam sind – auf mich gerichtet, der ich in einiger Entfernung vor einem kleinen, weißen Holztisch saß. Waren diese Augen wirklich auf mich gerichtet? Das habe ich wohl aus der Gewohnheit heraus geschrieben. In Wirklichkeit spürte ich überhaupt nicht, daß sie mich fixierten. Sie taten sogar allem Anschein nach eine andere Arbeit, die – vernünftige Leute mögen mir das nicht übel nehmen – wenig Beziehung zu dem Gemälde und noch weniger Beziehung zum Sehen hatte.

Jean machte sich bereits an meinem Porträt zu schaffen. Er zeichnete, er malte. Er verlieh meinem Gesicht eine Wirklichkeit, eine Genauigkeit, die meine Frau und meine Freunde immer und immer wieder vor mir rühmten. Dennoch bin ich sicher, daß Jean sich nicht damit begnügte, mich zu sehen.

Ganz zu Anfang hatten wir einige Minuten miteinander geredet, um einen Übergang zu schaffen, um uns aneinander zu gewöhnen, um zu fühlen, daß wir leben. Dann war Stille eingetreten, und in dieser Stille vollzog sich alles.

In diesem Augenblick wäre es unmöglich gewesen, mir einzureden, daß Jean, der Maler, mich sähe und ich, der Blinde, ihn nicht. Das wäre noch viel schwieriger gewesen als sonst. Denn das, was sich zwischen uns vollzog, gehörte vollkommen meinem Universum an. Ein Zweifel war nicht möglich: Jeans Bewegungen drangen, während er mein Porträt machte, alle in das Feld meiner Wahrnehmung ein. Er malte nicht ein Bild angesichts eines Menschen, der es niemals sehen würde: Wir hatten eine gemeinsame Sprache. Er sah, wie ich selbst sehe, und damit wäre das Porträt auf der Leinwand sogleich die Zeichnung einer Begegnung: der Begegnung eines inneren Bildes mit dem Kern, der besonderen Dichte der äußeren Wirklichkeit.

Unterdessen waren wir beide tätig. Ich ging in meinem Innersten all meinen gewohnten Beschäftigungen nach: Ich las, verweilte bei einer Erinnerung, dachte an meine Gedanken. Und Jean arbeitete. Er hatte die rasche und genaue Arbeitsweise eines guten Arbeiters. Wir befanden uns beide nicht in einem Zustand sentimentaler oder metaphysischer Erwartung.

Im Grunde statteten wir uns in aufmerksamer Ruhe einen gegenseitigen Besuch ab. Anstatt unsere beiden Welten in jenem eigenartigen Kampf, den man bald Liebe, bald Freundschaft nennt, gegenüberzustellen, hatten wir das Verlangen, sie zu überlagern. Oder vielmehr: wir waren auf der Suche nach einer dritten – der wahren – Welt, jener Welt, in der wir alle beide leben und uns sehen könnten. Diese dritte, andere Welt herzustellen war nicht unsere Aufgabe, das wußten wir wohl, wir mußten sie nur finden, da sie in uns präexistent war. Es war die Welt unserer Begegnung und meines von Jean gemalten Porträts.

Jeden Dienstag ging ich zufrieden und guten Gewissens zum Atelier. Denn bei Jean ging es ausschließlich um jene große Angelegenheit, die mich beschäftigt: um das Sehen, und zwar in der einzigen Art und Weise, die ich verstehen kann. Manchmal zeigte mir Jean eines seiner Bilder: einen Pflug oder die Dächer von Paris, wie er sie von seiner Terrasse aus wahrnahm. Schon bei den ersten

Worten sah ich sie vollständig vor mir, und zwar deshalb, weil Jean sie nicht beschrieb. Er wußte nur zu gut, daß seine Dächer – so genau sie auch sein mochten – nicht in der geschickten Aneinanderreihung von gelben, goldenen, weißen, grauen und blauen Farbflecken, in der festen Ordnung der sichtbaren Materie und sozusagen im Protokoll des Defilees bestanden, sondern in der Überraschung, im Zusammenhang zwischen den Dächern – dem Werk der Menschen, den ausgestreckten Händen über den Häusern – und dem Himmel, jener Momentaufnahme und jener frischen und sanften Grenze zwischen dem Menschen und der Natur. Kurz, in einem Zusammenstoß, einem Akt, einem Übergang. Nun, ich habe bereits gesagt: Ich bin unfähig, Jeans Worte zu wiederholen, so geschickt und lebendig waren sie. Ich kann nur sagen: Ich sah die Dächer, die er mir zeigte.

Dieser Maler bestätigte alle meine Vermutungen und alle meine Überzeugungen. Er konnte sehen und sah doch wie ein Blinder. Er hatte keine vorgefaßte Meinung in bezug auf das Licht, das äußere Licht. Er wußte, daß es nicht von außen kam. Die Züge meines Gesichts, die seine Hand minuziös skizzierte, waren für ihn nur Zeichen, die Zeichen eines zweiten Gesichts, das er wahrnahm, das man aber durch Linien und Farben übersetzen mußte, da das unsere gemeinsame Sprache ist.

Er sagte, die Malerei, jene Malerei, die er so liebte, sei ein Übergang zum Wesentlichen. »Ein Porträt soll zeigen, wie ein Mensch über sich hinausblüht«, sagte er. Das Gesicht aus physischer Sicht sei nur die Einfriedungsmauer, das Tor, das man öffnen müsse, der Weg zu einem anderen Gesicht.

Er sagte noch: »Ich versuche deinen Blick zu malen. Ich sehe, daß er nicht in deinen Augen liegt. Doch ich sehe, daß er in deinem Gesicht liegt: Er liegt in einem Bereich, der weiter reicht und dessen Konturen ich wahrnehme.« Das war sicher nicht nur eine Redensart, denn ich hatte schon seit einigen Minuten eine reale Kraft in Höhe meiner Wangen und meiner Stirn herbeiströmen gespürt. Ich konnte – zumindest für einen Augenblick – wahrnehmen, daß mich dort das Licht, und zwar nicht mein Licht, sondern das Licht der Außenwelt, traf, daß es dort, am Rand der materiellen Existenz, vibrierte.

Jean befreite mich von einem Zweifel – dem Zweifel, daß diese Erfahrung ganz allein nur von mir gemacht wurde. Er machte meine Wahrnehmung »gesellschaftsfähig«, übertragbar. Ich verspürte eine an Freude grenzende Genugtuung.

Nun, was würde geschehen, wenn alle Menschen so aufmerksam wären? Das ist eine Frage, die man nie stellt. Oder wenn man sie stellt, dann verkehrt. Man spricht von Menschen, die aufmerksam gegenüber der Wirklichkeit sind, ohne klar dazuzusagen – so sehr versteht sich das von selbst –, daß die Wirklichkeit rein äußerlich verstanden wird. Das ist ein Vorurteil oder zumindest ein Postulat, das die Menschen veranlaßt, ihr Universum zu errichten wie ein Maurer, der sein Haus mit dem Dach beginnen würde.

Ja, schlimmer noch: zu behaupten, die Wirklichkeit sei äußerlich, heißt, das Universum seiner Substanz berauben. Ohne das Licht, das wir in uns tragen, könnten sich unsere Augen niemals auf die Lichtobjekte, die Lichter der Welt hin öffnen. Wenn die ursprüngliche Vibration nicht in uns wäre, könnten wir niemals einen Laut wahrnehmen. Wenn die Liebe nicht in uns wäre, könnten wir niemals für jenes besondere Wesen eingenommen sein, das wir, vielleicht unvorsichtigerweise, »unsere Liebe« nennen. Wenn Gott nicht in uns wäre, könnten wir niemals hoffen, Menschen zu werden.

Genau das enthielt und sagte ohne Worte jene so klare Begegnung im Atelier des Malers Jean.

»Blue Ridge Parkway« ist der Name einer Straße in Virginia. Sie ist eine der schönsten Straßen, die ich jemals befahren habe, eine der schönsten und eine der unnützesten, ja, eine völlig unnütze Straße. Denn sie führt nicht von Behausung zu Behausung, von Handelsplatz zu Handelsplatz, sie befördert keine Lastwagen: Sie ist nur dazu da, einen freien Blick auf den Verlauf des Blue Ridge, jener Bergkette zu gewähren, die noch vor zwei Jahrhunderten die indianische Grenze zur »zivilisierten« Welt bildete.

Auf dieser Straße gibt es nichts anderes zu tun, als langsam dahinzufahren, anzuhalten und zu schauen. Von Front Royal im Norden Virginias bis Asheville ganz weit unten in Nord-Carolina folgt die Straße über mehr als sechshundertfünfzig Kilometer dem Höhenrücken des Blue Ridge und flattert dahin wie eine Schärpe im Wind. Sie biegt sich, windet sich, steigt an und fällt wieder ab, macht wieder eine Biegung, durchquert Wälder, die niemals zu enden scheinen und hell wie Parks sind; oder sie betrachtet plötzlich, ans Felsgestein gelehnt, das Tal zur Rechten, die Ebene zur Linken und all jene anderen Täler, die sich in langgestreckten Windungen dahinziehen und den Raum im Südosten wie im Nordwesten mit ihren ruhigen Wellen erfüllen.

Diese Straße wird fast überhaupt nicht unterbrochen. Nur in Höhe meines College und seiner Umgebung muß man wieder hinunterfahren und ganz unten im Tal die Roanoke-Senke, das Tal des Roanoke-Flusses, durchqueren. Von Menschenhand wurde eine Straße diesmal für Menschen und nur für sie erbaut. Man sieht es daran, daß sie sie nicht verstopfen.

Ich fahre gern dort hinauf, diesen einsamen, unter dem Himmelsdach aufgespannten Faden, diesen unermeßlichen oder doch nur an der Größe Amerikas meßbaren Faden entlang. Ich liebe es, das Auto anhalten zu lassen und von der Landschaft Besitz zu ergreifen.

Eines Tages war ich da oben. Wie wenig berührte ich noch die Erde: alles – Himmel und Täler – öffnete sich um mich herum. Ich stützte mich mit meinem ganzen Gewicht auf die Luft. Ich hörte den Wind die Hänge entlanggleiten und sein Spiel treiben. Ich hörte den unbeweglichen Schritt der beiden emporragenden Berge. Ich empfand die Vertikalität des Raums und seine Biegungen über den Wäldern und Felsen. Ich wußte genau, wo alle Dinge waren, und folgte ihnen. Ich sah die Landschaft, und jene, die mit der vollen Kraft ihrer Augen in meiner Nähe standen, auch sie sahen die Landschaft, sahen sie nicht mehr und nicht weniger.

Welch ein Irrtum: Ein Blinder kann eine Landschaft hören, fühlen, atmen oder erraten, sehen aber soll er sie nicht können! Nun, ich räume ein: Ich sah sie nicht, ich kannte sie. Doch wer ist sich genügend sicher darüber, was er mit seinen Augen tut oder was seine Augen für ihn tun, um den Unterschied klar beschreiben zu können. Jedesmal, wenn ich meine Eindrücke durch diejenigen der Sehenden kontrolliere, gibt es eine allgemeine Überraschung.

Auch für mich ist es eine Überraschung: Ich gewöhne mich nicht an die Übereinstimmung, und manchmal denke ich, daß sie mich übersteigt. Sicher übersteigt sie meine persönlichen Fähigkeiten und zeugt von der Kontinuität des Universums, die so vollkommen ist, daß sie kaum in meiner Sprache, der Sprache von Menschen ausgedrückt werden kann.

Wenn ich einen Laut oder einen Luftzug vom Blue Ridge einfange, kenne ich dieses Gebirge sogleich vollständig, und ich kenne es auf alle Arten zugleich: Ich sehe es auch. Die Chance der Sehenden ist die gleiche: Wenn sie es mit der vollen Kraft ihrer Augen betrachten, werden sie es sogleich hören, es wägen, es betasten.

Ich muß diese Tatsache nicht rechtfertigen, denn nicht ich habe das Gewebe der Welt gesponnen, jenes Gewebe, das kein Loch kennt. Doch ich fühle mich berechtigt, diese Tatsache eine lange, kostbare Zeit lang in meinen Gedanken festzuhalten und den Leser einzuladen, mir dabei zu folgen.

Ich lade ihn ein, mir zunächst in den elementaren Bewegungen der Wahrnehmung zu folgen. Ich stehe vor einem Haus auf dem Rasen und lege meine Hand (gern sogar beide Hände) auf seine Backsteinmauer: Sofort kenne ich das Haus vollständig. Ich habe ein, zwei Steine berührt – ein kleines, ganz alltägliches Stück Materie. Ich habe also fast nichts wahrgenommen, fast nichts erfahren. Und trotzdem kenne ich das Haus bis zum Dach.

Diese Feststellung hat mich jahrelang derart überrascht, daß ich sie für mich behielt, halb davon überzeugt, daß ich es mit einem Wunder zu tun hatte, mit einem reinen Machwerk der Einbildung. Dann hat sie sich in ihrer ganzen Einfachheit durchgesetzt.

Man braucht keine Angst zu haben: Ich verlange von niemand, daß er mir ohne weiteres Glauben schenkt. Ich will von ihm nicht etwas verlangen, zu dem ich so lange gebraucht habe, bis ich es von mir selbst erhielt und was ich auch heute noch nur zeitweise erhalte. Übrigens handelt es sich nicht um Glauben, sondern um Meditation, das heißt um Aufmerksamkeit.

Wir urteilen alle nach einer vorgefaßten Meinung: der Meinung, daß die Wirklichkeit, und ganz besonders die allerdichteste Wirklichkeit, die Wirklichkeit, die wir »materiell« nennen, aus aufeinander folgenden Teilen besteht. Wir verhalten uns also so, als ob wir bei jedem Wahrnehmungsprozeß langsam, zaghaft und analytisch von einem Punkt zum anderen gehen müßten. Diese Analyse wird für uns zum Gang der Erkenntnis selbst, zum einzigen Weg, der zu den Dingen führt. Wir reisen so auf der Oberfläche der Welt umher, ohne darauf zu achten, daß wir den Glanz, die Festigkeit, das Muster eines Stoffes mit dem Stoff selbst verwechseln.

Die wahren Verantwortlichen dafür sind unsere Augen. Tatsächlich ist der Gesichtssinn zweifellos der wendigste und zugleich der am allgemeinsten gebrauchte unserer Sinne. Er ist andererseits derjenige unter unseren Sinnen, dem wir uns am meisten anvertrauen. Doch er ist ein grundsätzlich unbeständiger Sinn, der vom Raum und seinen Grenzen abhängt, ein Sinn, der erst dann wirksam wird, wenn er auf etwas ausgerichtet ist, und nur dann seine Informationen – neue Informationen – beibringt, wenn wir seinen Winkel zu den Dingen laufend verändern. Darin liegt ein großes Hindernis, an das wir öfter denken sollten.

Wir gehen an den Dingen entlang, streicheln sie mit unserem Blick, doch wir kennen ein Haus erst, nachdem wir es Stein für Stein vom Sockel bis zum Dach rekonstruiert haben. Zumindest glauben wir, so zu verfahren. Doch haben wir dafür einen Beweis? Vielleicht lag im ersten Blick, im ersten Stein, den unser Auge traf, der erste Ton einer Melodie, aus dem alle anderen notwendigerweise entspringen mußten, die notwendige Ursache für eine Stufenfolge, aus der heraus alle Elemente von da an vorhersehbar waren?

Dann löst vielleicht meine Erfahrung als Blinder die der Sehenden ab. Denn für mich – ich sagte es bereits – macht ein Stein das Haus, mein erster Schritt in der Diele das Wohnzimmer, der erste Ton der Stimme den Menschen.

Ich bin dennoch nicht geschickter als andere. Ich besitze weder hellseherische noch spezielle magnetische Fähigkeiten. Nicht ich bin seherisch veranlagt: Die Welt ist es, die sich ganz und gar in jedem ihrer Teile darbietet.

Manche behaupten, daß die Linien der Hand das Lebensschicksal vorhersagen. Mir scheint es jedoch noch viel richtiger, daß die Nase, die Biegung der Lippen, eine verrückte Haarsträhne, die Fettigkeit oder Festigkeit des Fleisches, ein ganz kurzes Lächeln, ein Husten oder Lachen, die Bewegung oder Unbewegtheit der Brust, ein feiner Duft, der einem Menschen eigen ist, alles vollständig über ihn und sein Schicksal aussagen.

Desgleichen teilt mir die Luft, die mich berührt, wenn ich aus dem Auto steige und dem Blue Ridge gegenüberstehe, den Blue Ridge mit, und die Luft der 42. Straße teilt mir Manhattan mit, und die des Luxembourg Paris, ganz allein Paris und nichts anderes.

Natürlich erscheint dieses Glaubensbekenntnis maßlos übersteigert. Doch nur deshalb, weil ich das Wichtigste noch nicht gesagt habe.

Gewöhnlich teilt mir meine Hand auf dem schlichten, unversehrten Mauerstein natürlich nicht mit, daß zehn

Zentimeter entfernt die Mauer schlechter wird und Risse bekommen hat. Sie zeigt mir nicht oder nur sehr ungenügend die Dachneigung, die architektonische Harmonie oder Verzerrung des Gesamtbildes. Aber das ist weder die Schuld der Hand noch des Backsteins: Es ist mein eigener Fehler.

In jedem Augenblick erkenne ich von der Welt gerade das, was ich davon zu erkennen verdiene. Das Maß meiner Erkenntnis richtet sich nach dem Maß meines Verlangens, meiner Aufmerksamkeit.

Dann behalten wir den Faden, und nicht nur den Faden eines einzelnen Objekts, sondern den, der das Universum in seinem lebenden Netz verknüpft.

Allein die Aufmerksamkeit bestimmt: Sie schafft das Universum.

Ich versuche also, meine Hand aufmerksam zu machen oder besser: mich über sie aufmerksam zu machen. Dazu gibt es meines Wissens nur ein Mittel: Ich darf die Ideen meines Kopfes nicht auf die Hand übertragen.

Ich bin im allgemeinen den Ideen sehr zugetan, besonders – leider – meinen eigenen. Aber ich glaube heute zu wissen, daß sie nicht immer dahin passen, wohin wir sie stellen, das heißt, daß wir nicht gut daran tun, sie in die Gesten zu legen. Wir täten oft weit besser daran, zuerst die Geste zu tun. Denn gewöhnlich wartet die Geste nicht auf uns: Unsere Ideen laufen ihr hinterher, und je intelligenter wir sind, desto schneller. Nun, ich wiederhole: Unsere Ideen haben oft, ja fast immer unrecht, nicht, weil sie da sind, sondern, weil sie ein Metier betreiben, das nicht das ihre ist, sich zwischen unsere Beine werfen, uns den Weg versperren, sich als Dritte in alle unsere Begegnungen stürzen.

Unsere Begegnungen mit der Realität dürfen zunächst keine geistigen Begegnungen, sondern müssen wirklichkeitsbezogen sein. Wenn wir zu unseren Ideen, unseren Meinungen, unseren Urteilen, unseren Gewohnheiten, unserem Drang, zu wissen, bevor wir erkennen, sagen würden: »Verhaltet euch ruhig, Freunde! Ich werde euch gleich rufen«, dann wäre unsere Wahrnehmung des Universums sogleich vollkommen von unten nach oben gekehrt. Wir würden unsere alte Welt nicht mehr wiedererkennen. Und sie wäre nicht mehr brüchig und inkohärent.

Das gäbe eine wahre Revolution, nicht nur aus politischer Sicht. Anstelle jener Fracht toter Objekte, zusammengesetzter und wieder zerlegter Dinge, die unsere Welt in jeder Sekunde traurig entstellen, anstelle jener isolierter Handlungen, jener isolierten inneren Gefühle, jener gewaltigen, sich im Kreis drehenden Einsamkeit, die über uns jeden Tag mehr die Oberhand gewinnen, würden wir lebendige Kräfte entstehen sehen.

Das gäbe zweifellos ein großes Schauspiel, das uns helfen würde zu leben. Kennen wir viele derartige Schauspiele in unserem gegenwärtigen Leben?

Wenn ich mich über meine Hand hin aufmerksam mache, wenn ich die Antwort auf die – noch so kleine – Frage, die ich gestellt habe, erwarte, wenn ich mich gedulde, erkenne ich die Verflechtung aller Dinge in ihrer Bewegung, den Strom, der sie vereinigt, alle ihre Kristalle. Und der Backstein läßt mich das Haus mit seinen feinsten Rissen oder seinem weiter entfernten Sprung erkennen.

Ein vollkommen aufmerksamer Mensch würde das Universum vollkommen erkennen. Die Weisen, die in der Heiterkeit die Bedingungen für jegliche Erkenntnis sehen, haben vollkommen recht, denn der innere Friede versetzt uns in eine aufmerksame Stimmung. Nichts zerstreut mehr als Unruhe und Zweifel, zumindest der nicht-methodische Zweifel, der sich also nicht auf ein kluges Denken stützt.

Der Wahrnehmung eines aufmerksamen Menschen erschließt sich die Realität: Ganze Flächen heben sich unter einem einzigen Druck der Hand, unter einem einzigen Blick ab. Doch die Hand und auch der Blick sind dabei nur Instrumente. Die Erkenntnis findet immer in uns statt, das heißt, an jenem Ort, wo wir mit allen erschaffenen Dingen vereint sind.

Das ist die innere Ruhe und die Aufmerksamkeit – ein Zustand umfassender Kommunikation und Verbindung.

Wir aber verbringen den Hauptteil unseres Lebens damit, zu teilen. Wir leben mit allen Dingen, und zuallererst mit uns selbst, in Zerwürfnis, liegen mit ihnen und uns im Streit. Das ist nicht nur eine unnütze Revolte, das ist eine Torheit, die uns teuer zu stehen kommt.

Wir verbringen unsere Zeit damit, die Ideen, die wir über die Welt haben, der Welt selbst vorzuziehen. Der Egoismus ist nur eine Form, eine ganz besondere Form dieser totalen Bevorzugung. Was mich daran hindert, in den Gedanken eines anderen zu lesen, sind nicht sein Schweigen oder gar seine Lügen, sondern der Lärm, den ich um seine Person in meinem Kopf mache. Bevor ich mich ihm nähere, berechne ich seine Vorzüge und seine Fehler, wäge sie ab und wiege sie gegeneinander auf – und schon ziehe ich meine Schlußfolgerung. Ich schreie sie mir in die eigenen Ohren. Ich berausche mich an ihr, ruhe mich bereits über ihr aus. Wie könnte ich mich dann noch wundern, daß ich diesen Menschen, den ich in meinem Lärm begraben habe, nicht mehr sehe. Ich habe mich in meiner Rüstung aus Gewohnheiten selbst zwischen ihn und mich gestellt. Ich werde mich also täuschen, ich werde getäuscht werden, werde mich schließlich in meiner Zurückgezogenheit – einer feindlichen Zurückgezogenheit – einnisten. Welch ein künstliches Unglück, und wie leicht wäre es, aufmerksam zu sein! Wie glücklich könnte uns das machen!

Der Mechanismus der Aufmerksamkeit läßt mich an den des Gedächtnisses denken. Ebenso wie die ersten zufällig wiedererkannten Töne einer Melodie sich an die folgenden anklammern und die ganze Musik wiedererstehen lassen, ebenso bewirkt die erste aufmerksame Wahrnehmung die Ankunft – ich sollte sagen: die Rückkehr – eines vollständigen Teils der Welt. Ja, Rückkehr ist richtiger, denn das Universum erscheint in Form einer Erinnerung. Die Landschaft, die ich entdecke, die ich hier im fernen Amerika vor mir habe, erwartete mich schon irgendwo, sie ist seit jeher in mir enthalten. Meine Wahrnehmung von jetzt trägt nur dazu bei, sie in der Gegenwart unverzüglich zu verwirklichen. Die Aufmerksamkeit enthüllt diese absolute Präexistenz aller Teile der Welt in mir.

Präexistenz oder Koexistenz – das kann ich nicht entscheiden. Doch sicher totale Vertrautheit, kontinuierliche Bewegung zwischen allen Dingen.

Das ist ein großes Wunder – ich kann es nicht anders nennen. Es erklärt alles, selbst den plötzlichen Ersatz – die seltsamste meiner Erfahrungen – visueller Eindrücke durch alle möglichen anderen.

Diese Verbundenheit, diese Zirkulation der ursprünglichen Lebenskraft durch alle Adern der Schöpfung wird von den Dichtern gesehen. Deshalb liebe ich die Dichter so sehr. Deshalb habe ich so viel Nachsicht gegenüber ihren Mängeln und selbst ihren Mißerfolgen. Das Wesentliche wissen sie zumindest.

Auch die wahren Philosophen und Gelehrten wissen es. Doch sie verlegen, um die ganze Melodie der Welt einzufangen, den Mittelpunkt ihrer Aufmerksamkeit zu nahe an ihr Gesicht oder an ihre Gedanken: Sie erhaschen nur Bruchstücke. Daraus ergeben sich Disharmonien, bisweilen sogar ein ausgesprochener Mißklang.

Die Dichter wiederum dehnen ihre Aufmerksamkeit sehr weit aus, so weit, daß es uns manchmal schwer fällt, ihnen zu folgen. Sie wohnen überall Verlobungen und Hochzeiten bei, sie hegen eine grenzenlose Zärtlichkeit gegenüber den entferntesten Beziehungen: zwischen Ideen und Dingen, Menschen und Steinen.

Vielleicht sehen sie nur deshalb nicht alles, besitzen nur deshalb nicht die volle Erkenntnis, weil sie reden. Die Worte lassen ihre Vision wieder in Staub zerfallen. Auch die schönsten, seltensten Worte nützen hier nichts: Sie machen all das, was sie berühren, nur schwächer.

Auch ich, der ich jene Erfahrung, die ich habe, die Erfahrung von der Einfachheit der Wirklichkeit, mit Worten ausdrücken möchte, auch ich mache sie schwächer: Sie ist in meinen Händen ganz klein geworden.

Und doch ist sie weder klein noch verworren: Ich lebe von ihr. Ich atme sie. Dadurch, daß ich mich, so oft ich kann, an sie erinnere, schöpfe ich den Mut zu leben. Dieser Mut gehört nicht mir, er liegt im Leben. An mir ist es, ihn anzunehmen oder zurückzuweisen: Das ist alles.

So wie mit dem Mut, ist es auch mit dem Glück, mit der

Erkenntnis und schließlich mit dem Leben selbst. Alles, was uns veranlaßt, das Leben anzunehmen, ist gut. Alles, was es uns zurückweisen läßt, ist minderwertig und vorläufig.

»Wenn man Sie hört, wäre alles in Ordnung. Sie sprechen nicht mit dem Verstand. Jeder Ihrer Abschnitte endet mit den Worten ›Wohlbefinden‹, ›Zufriedenheit‹, ›Glück‹, ›Vertrauen‹. Darüber packen Sie Harmonie, Ruhe und irgendein inneres Leben, von dem Sie wie von einem verlorenen Paradies träumen. Sie beweisen nicht: Sie behaupten nur. Sie sind leichtfertig«, sagte jemand zu mir.

Es ist wahr: Ich behaupte nur und beweise nicht. Doch nur Systeme lassen sich beweisen. Ich fühle mich auf diesem Gebiet hilflos: Ich habe kein System.

Mein Gesprächspartner beharrt: »Sie haben ein System: Es ist Ihr Optimismus. Sie etablieren sich in der allgemeinen Zufriedenheit wie in einer Partei. Man sagt zu Ihnen ›Krieg‹, und Sie antworten ›Leben‹. Auf ›Blindheit‹ antworten Sie ›Licht‹. Doch wo bleiben für Sie Leiden, Schmach, Mühsal? Wo die Schwäche? Und was werden Sie antworten, wenn man zu Ihnen von dem möglichen Untergang unserer Erde spricht?«

»Ich werde antworten«, sage ich, »daß ich Angst davor habe. Ich werde sagen, daß ich versuche, an diesen Untergang ernsthaft zu denken.«

Doch gerade wenn von Tod, von Untergang die Rede ist, müssen wir vom Leben reden: Das ist wichtig.

Ich bin mir sehr wohl klar darüber: Im Jahr 1959 ein ganzes Buch – sei es auch so kurz wie dieses – der Zuversicht, dem Neubeginn in jeder Sekunde, dem Leben unter all den Namen zu widmen, die wir ihm in unserer Ungeschicklichkeit geben, mag leichtfertig, ja unpolitisch erscheinen. Eine gute Politik bestünde darin, den Aufstand des Geistes gegen die Invasion der Materie zu predigen, sich aufzulehnen gegen diese oder jene Staatskonzeption, gegen das Credo dieser oder jener Kirche. Bitterkeit ist in den Versammlungen ernsthafter Leute unerläßlich.

Ich kann jedoch nicht so tun, als sei ich verbittert oder

aufrührerisch: Ich bin es nicht. Ich habe genauso wie die anderen Menschen Gründe, mich zu beklagen. Ich beklage mich. Dabei verliere ich einen bedeutenden Teil meiner Kräfte. Nur bin ich nicht stolz darauf. Ein Gefühl der Scham, das mich bisweilen befällt, rührt daher. Ich ertappe mich auf frischer Tat, daß ich mich beklage – und ich schäme mich. Ich schäme mich, jene andere, weitaus beständigere Erfahrung vergessen zu haben: daß nämlich eine Ordnung regiert und daß es, um zu sehen, wie sie sich auf unser ganzes Wesen, auf alle Begebenheiten unserer Existenz erstreckt, genügt, sich ihr nicht zu widersetzen.

Kurz, in einer Welt, die all ihre Vorschriften und jeden Kram gegen meine Ohren dröhnen läßt, in einer Welt, die mir jeden Tag größere Erkenntnisse, größeres Gemüse, größere Armeen bringt, habe ich Hunger, brauche ich Nahrung. Ich habe Hunger nach etwas, das weder kleiner noch größer wird, nach etwas, das einfach kein Ende hat. Dieses »Etwas« nenne ich – in Ermangelung eines anderen Wortes – das innere Leben.

Das innere Leben besteht nicht in den Bewegungen meiner Seele im Gegensatz zu denen meines Körpers, nicht in denen meines Verstandes im Gegensatz zu meinen Instinkten. Seele, Instinkte, Körper, Verstand – all das läßt nach, all das geht verloren, all das täuscht sich oder kann sich täuschen: Ich glaube nicht daran.

Ich brauche etwas Festes, Beständiges. Und sobald ich mit Aufmerksamkeit um mich blicke, begegne ich diesem Beständigen überall. In meinem Körper ebensosehr wie in meiner Seele, in allen Seelen und allen Körpern in einer Gleichmäßigkeit, die ich vorher nicht vermutet habe.

Das innere Leben bedeutet: zu wissen, daß die Ruhe nicht in der Welt ist, sondern in dem »ruhigen Blick«, den wir auf die Welt richten.

Es bedeutet zu wissen, daß die Freude nicht in der Welt ist wie Bonbons in einer Tüte und daß es nicht genügt zu warten, bis eine zukünftige vollkommene Gesellschaft oder zukünftige vollendete Systeme die Tüte wieder füllen. Es bedeutet zu wissen, daß die Freude nie dem »morgen«, sondern dem »heute« dient, daß es sie andernfalls nicht gibt. Es bedeutet, sich darüber im klaren zu sein, daß selbst die angenehmsten Ereignisse, selbst das voll erblühte Land, selbst der dauerhafteste Frieden sie niemals schenken können. Und zwar aus dem einfachen Grund, weil wir sie schon besitzen.

Das innere Leben heißt: überzeugt zu sein, daß »Sehen« in »Betrachten« besteht, »Wissen« in »Verstehen« und »Besitzen« in »Sich hingeben«.

Das ganze Leben ist uns gegeben, bevor wir es leben. Aber es bedarf eines ganzen Lebens – vielleicht sogar mehr –, um uns dieses Geschenks bewußt zu werden. Das ganze Leben ist uns in jeder Sekunde gegeben.

Das Leben beginnt heute.

Zweifellos gibt es eine Vergangenheit. Auch für mich gibt es sie: Ich habe meine Erinnerungen, wie man gesehen hat. Doch es würde mich keineswegs erstaunen, wenn man mir sagte, daß all jene Wesen, die ich geliebt habe und die ich für tot halte, die ich behandle, als seien sie tot, ganz bestimmt lebendig seien, ebenso lebendig oder sogar mehr als ich. Könnte ich sie mir denn denken, wenn sie verschwunden wären? Die Augen machen nicht den Blick. Die Toten machen nicht den Tod. Die Unglücksfälle machen nicht das Unglück. Unsere Unfähigkeit zu lieben macht nicht unsere Einsamkeit. Unsere Anschauungen machen nicht die Wirklichkeit.

Wirklichkeit ist, daß wir das Leben annehmen können. Dieses Recht haben wir. Wir haben das Licht, wenn wir es nicht zurückweisen, und mit ihm können wir alle Dinge erhellen. Wir haben die Töne, und durch sie können wir alles vernehmen. Wir haben die Liebe, und mit ihr können wir alle Wesen lieben, selbst die sonderbaren. Es ist doch unvorstellbar, daß wir unsere Frau oder unsere Kinder lieben könnten, wenn wir nur sie erhalten hätten. Doch wir haben die Liebe erhalten.

Wenn ich zufrieden bin, dann nicht durch das, was ich augenblicklich bin oder besitze, sondern durch das Wissen, daß alles neu beginnen kann, wenn ich das Leben gewähren lasse. Ich würde mich gern ganz weich, ganz klein machen. Doch das gelingt mir nicht immer.

Ich würde gern an meinem Platz verweilen. Ich würde gern lernen, wie ich ihn nicht mehr zu verlassen brauchte. Denn ich weiß, daß mein Platz als Mensch in der Freude liegt.

Jeden Morgen – jede Minute – wach werden und sehen, wie das Leben beginnt – welch ein Glück!